KB273041

전 세계를 사로잡은 K-Beauty로 배우는 실용 한국어

처음 만나는
K-Beauty 한국어

처음 만나는
K-Beauty 한국어

초판 1쇄 발행 2025년 8월 28일

지은이 조위수, 박은미, 임지현
펴낸곳 (주)에스제이더블유인터내셔널
펴낸이 양홍걸 이시원

홈페이지 www.siwonschool.com
주소 서울시 영등포구 영신로 166 시원스쿨
교재 구입 문의 02)2014-8151
고객센터 02)6409-0878

ISBN 979-11-6150-556-5 13710
Number 1-120303-30303000-06

이 책은 저작권법에 따라 보호받는 저작물이므로 무단복제와 무단전재를 금합
니다. 이 책 내용의 전부 또는 일부를 이용하려면 반드시 저작권자와 ㈜에스제
이더블유인터내셔널의 서면 동의를 받아야 합니다.

전 세계를 사로잡은 K-Beauty로 배우는 실용 한국어

처음 만나는 K-Beauty 한국어

조위수 박은미 임지현

실제
메이크업 영상
QR코드
수록

피부 타입별 화장품 용어부터
생활 속 상황별 실전 표현까지!

S 시원스쿨닷컴

당신의 아름다움을 한국어로 표현해 보세요!
- '처음 만나는 K-Beauty 한국어'를 펴내며

안녕하세요!

여러분은 거울 앞에서 나만의 스타일을 완성할 때 어떤 기분이 들어요?

피부가 반짝이고, 메이크업과 헤어, 네일까지 완벽하게 어울릴 때, 우리는 자신감 넘치는 하루를 시작할 수 있습니다.

이 책은 한국어를 배우는 외국인 유학생 여러분이 'K-뷰티'의 세계를 언어와 함께 즐기며 배울 수 있도록 만든 특별한 교재입니다. 스킨케어에서 메이크업, 네일 아트, 헤어스타일까지, 한국에서 가장 인기 있는 뷰티 트렌드와 실생활 표현을 함께 익힐 수 있도록 구성하였습니다.

이 교재는 단순한 언어 학습을 넘어, 뷰티 도구와 스타일 이름을 한국어로 말하고, 친구에게 나만의 뷰티 팁을 소개하고, 뷰티 숍에서 내 스타일을 정확히 설명하며, 나의 개성과 취향을 한국어로 자신 있게 표현할 수 있도록 도와줍니다. 이 교재에는 실제 외국인 유학생이 등장하여 K-뷰티를 배우는 과정을 담은 영상을 제공하고 있어, 여러분들이 더욱 생생하고 몰입감 있게 K뷰티 한국어를 함께 익힐 수 있습니다.

K-뷰티를 좋아하는 당신! 한국어 실력을 키우고 싶은 당신!

이제 두 가지를 한 번에 배울 수 있는 즐거운 시간이 시작됩니다. 거울 속 나 자신을 더 사랑하고, 한국어로 소통하며 더 넓은 세상과 만나 보세요.

여러분의 아름다운 도전, 이 책이 함께 하겠습니다. 환영합니다!

'처음 만나는 K-Beauty 한국어' 교재 집필진 일동

Express Your Beauty in Korean!
– "Introducing K-Beauty Korean"

Hello!

How do you feel when you perfect your look in front of the mirror?

When your skin glows, and your makeup, hair, and nails come together perfectly, you can step into the day with confidence.

This book is a special Korean language textbook designed for international students who want to explore the world of K-Beauty while learning the Korean language. From skincare and makeup to nail art and hairstyling, this textbook introduces you to Korea's most popular beauty trends and practical everyday expressions.

More than just language learning, this book helps you: – Say the names of beauty tools and styles in Korean, – Share your own beauty tips with friends, – Clearly describe your preferred style at a beauty salon, and – Express your personality and taste confidently in Korean. The textbook also includes video clips featuring real international students learning about K-Beauty, allowing you to enjoy a more vivid and immersive Korean and beauty learning experience.

Love K-Beauty? Want to improve your Korean?

Now you can enjoy learning both at the same time! Discover a version of yourself you'll love even more, and connect with the world through Korean.

This book is here to support your beautiful journey. Welcome!

The Authors of "Introducing K-Beauty Korean"

이 책의 구성 및 활용

이 교재는 K-뷰티에 관심이 있는 외국인 학습자들이 재미있게 한국어를 배우고, 동시에 K-뷰티 표현과 정보를 활용해 나만의 스타일을 완성해 볼 수 있도록 설계된 교재입니다. 단원을 따라가다 보면 한국어 어휘와 표현을 익히면서 다양한 K-뷰티 지식과 실습 경험을 바탕으로 자신만의 K-뷰티 방법을 정리해 볼 수 있습니다.

도입

제목 및 학습 목표를 통하여 학습자가 단원에서 배워야 할 핵심 내용을 한눈에 파악할 수 있습니다.

· 웹툰 스타일의 그림을 활용하여 학습자의 흥미를 끌어 줍니다.
· 본문을 보기 전에 학습할 단원의 내용을 유추해 볼 수 있습니다.

간단한 질문을 제시하여 학습자의 생각을 이끌어낼 수 있습니다.

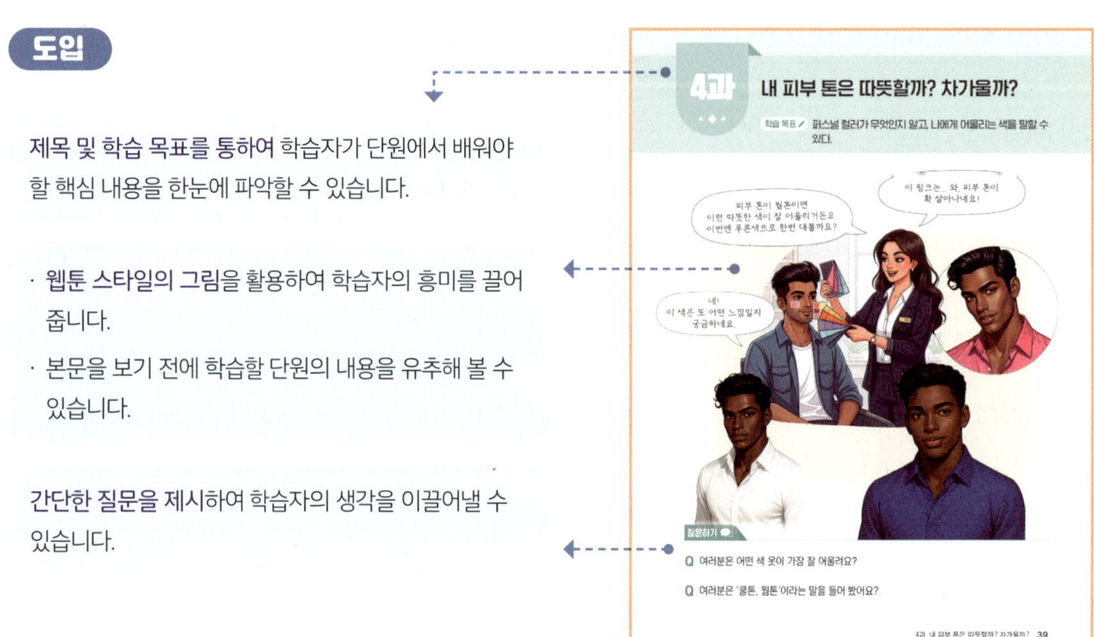

대화 배우기

주제와 관련된 실제 대화문을 통해 배울 표현과 어휘가 어떤 맥락에서 쓰이는지 볼 수 있습니다.

활용 Tip!

✔ 짝 활동을 통해 대화 내용을 읽어 보고 역할극으로 연습하거나, 상황을 바꿔서 새로운 대화를 해보는 활동을 할 수도 있습니다.

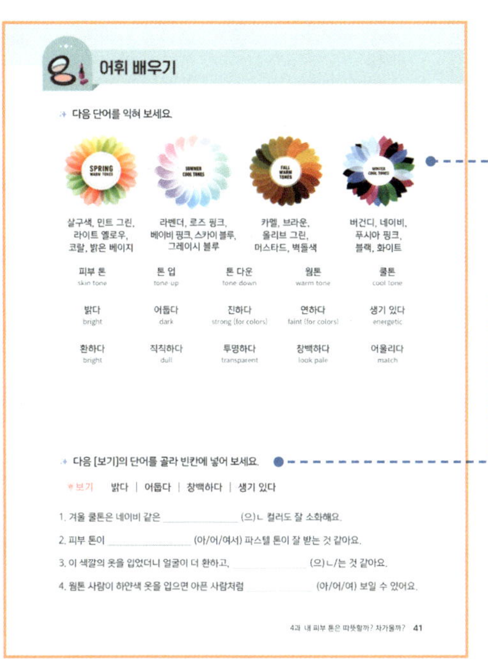

어휘 배우기

단원 주제와 관련된 **주요 어휘**를 그림과 함께 제시하여 쉽게 볼 수 있도록 정리하였습니다.

빈칸 채우기, 문장 완성하기 등의 **어휘 연습 문제**를 통해 **반복 학습**할 수 있습니다.

활용 Tip!

✔ 어휘의 기본 의미뿐만 아니라 유의어, 반의어 등 관련 표현까지 함께 확장하여 연습할 수 있습니다.

✔ 짝 활동으로 어휘 그림을 보고 퀴즈를 내거나, 단어를 맞추는 게임 등을 활용할 수 있습니다.

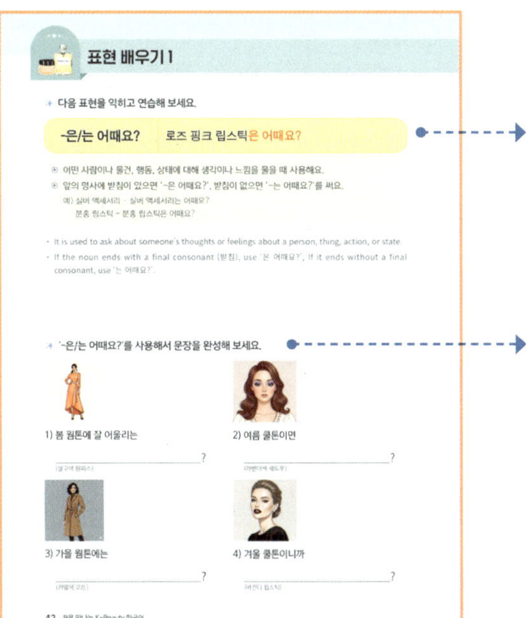

표현 배우기 1, 2

· 단원별 상황에 맞는 실용 문법 표현을 두 가지씩 배울 수 있습니다.
· 짧고 간단한 설명과 예문을 통해 쉽게 이해할 수 있습니다.

빈칸 채우기, 문장 완성 문제 등의 **문법 연습 문제**를 통해 한국어 표현을 학습할 수 있습니다.

앞에서 배운 내용을 바탕으로, 단원의 주제와 관련된 실용적인 정보를 활용하여 **다양한 K-뷰티 활동**을 직접 해 볼 수 있습니다.

앞에서 익힌 표현과 어휘를 사용하여 짝과 뷰티 주제의 대화를 연습할 수 있습니다.

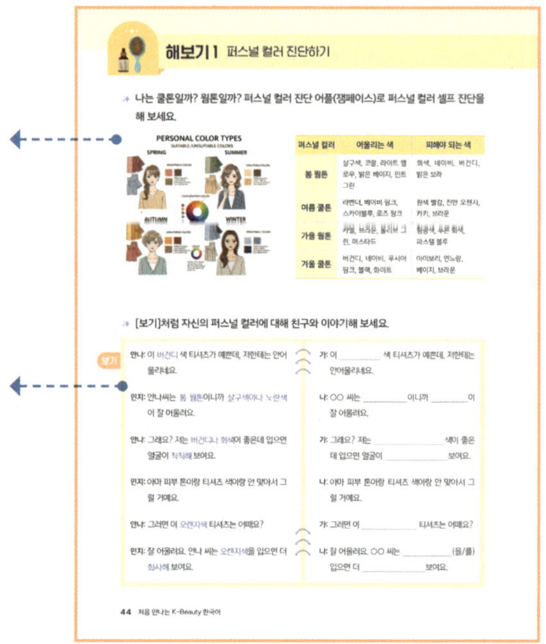

학습한 표현을 기반으로 하여 **실제 뷰티 실습 활동**을 할 수 있습니다.

학습자들이 주제에 맞는 K-뷰티 활동을 수행하면서 자신의 스타일과 생각 등을 한국어로 표현할 수 있습니다.

QR 코드를 통해 실제 학습자의 K-뷰티 실습 영상을 시청
하면서 활동을 직접 해 볼 수 있습니다.

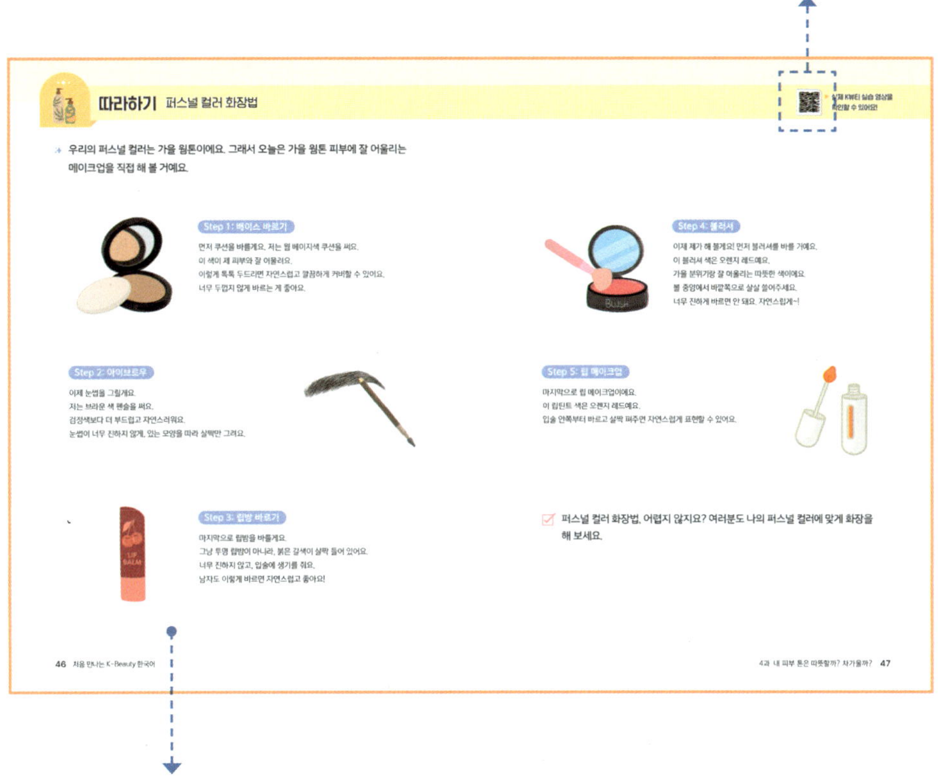

제공되는 **실제 뷰티 영상과 학습 스크립트**를
통해 뷰티 관련 한국어 표현과 사용 맥락을 자
연스럽게 익힐 수 있습니다.

✔ 영상을 보며 따라해 보고, 영상 속 스크립트를 통해
  말하기와 발음 연습도 함께 하면 더욱 효과적인 학
  습을 할 수 있습니다.
✔ 수업 후 영상 따라하기 과제를 연결하여도 좋습니다.

단원 구성

이 교재는 K-뷰티와 관련된 표현과 자연스러운 한국어 사용 능력을 함께 길러 줄 수 있도록 구성되어 있습니다. 각 단원은 한국어 교육 현장에서 가장 많이 활용되고 있는 5단계에 맞춰 실제 뷰티 현장에서 사용할 수 있는 어휘와 표현, 실용적인 회화 연습, 그리고 활동 과제를 통해 학습자들의 적극적으로 수업에 참여할 수 있도록 하였습니다.

단원	제목	어휘 & 표현	활용
1과	K-Beauty의 시작, 피부 타입부터!	피부 상태 관련 어휘 '르' 불규칙 -지요?	나의 피부 카드 만들기 DIY 천연 마스크팩 만들기
2과	내 피부를 위한 첫걸음, 기초 화장품 탐구!	기초 화장품 관련 어휘 -아/어/여 보다 -(으)ㄹ 수 있다	'뷰티 유튜버/인플루언서' 되어 보기 뷰티 퀴즈, 화장품 이름을 맞춰 봐!
3과	꿀피부의 비밀을 알아봐요!	피부 관리 관련 어휘 N(이)나 N -(으)ㄴ 후에	나의 피부 관리 루틴 소개하기 나만의 화장품 만들기
4과	내 피부 톤은 따뜻할까? 차가울까?	퍼스널 컬러 관련 어휘 -은/는 어때요? -아/어/여 보이다	퍼스널 컬러 진단하기 퍼스널 컬러 OOTD 코디하기
5과	생얼 같은 내 얼굴의 비밀!	기초 메이크업 관련 어휘 -게 -(으)ㄴ/는 편이다	나에게 어울리는 화장품 찾기 나의 기초 화장법 소개하기
6과	메이크업으로 나만의 스타일 완성!	색조 메이크업 관련 어휘 -아/어/여지다 -고 나서	얼굴형에 어울리는 눈썹 찾기 나만의 시그니처 색조 메이크업!
7과	아이돌처럼 화려한 메이크업!	아이돌 메이크업 관련 어휘 N처럼 -(이)라고 하다	아이돌 메이크업 소개하기 나만의 아이돌 메이크업 기획
8과	얼굴이 어려 보여요.	시술 관련 어휘 N 때문에 ㅂ 불규칙	시술 후 예상되는 변화 그려 보기 시술 탐정단-연예인 Before & After 비교하기
9과	손톱을 더 예쁘게!	네일 아트 관련 어휘 -(으)ㄹ 것 같다 -(으)ㄴ 적이 있다/없	유행하는 네일 아트 알아보기 나만의 네일 스타일 디자인
10과	어떤 헤어스타일이 어울릴까요?	헤어스타일 관련 어휘 -(으)면 -고 싶다	유행하는 헤어스타일 알아보기 나의 얼굴형에 맞는 헤어스타일 찾기

차례

K-Beauty의 시작, 피부 타입부터!

학습 목표 피부 상태와 유형에 대해 이해하고 말할 수 있다.

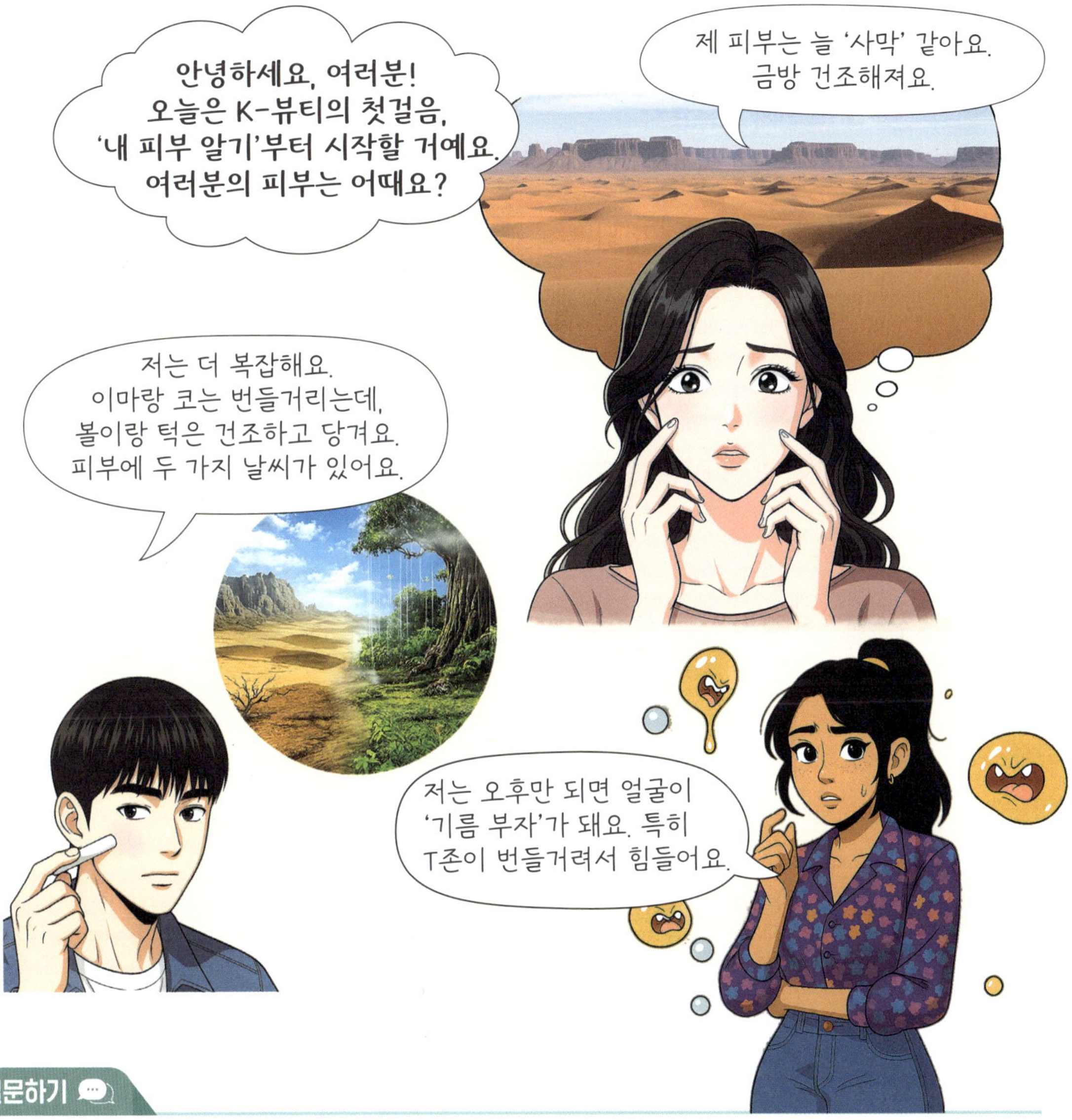

Q 여러분은 세수한 후에 얼굴이 건조해요, 아니면 촉촉해요?

Q 여러분의 피부는 어떤 유형이에요?

✦ 다음을 읽어 보세요.

민지	수아 씨 피부는 어떤 유형이에요?
수아	저는 건성 피부예요. 그래서 보습 크림을 꼭 발라요. 안 바르면 피부가 너무 건조해요. 민지 씨는요?
민지	저는 지성 피부예요. 오후가 되면 특히 T존이 번들거려요.
수아	그럼 트러블도 자주 생기지요?
민지	네. 그래서 피지 관리가 정말 중요해요.

Minji	What type of skin do you have, Suah?
Suah	I have dry skin. So I always apply moisturizing cream. If I don't apply it, my skin gets very dry. What about you, Minji?
Minji	I have oily skin. In the afternoon, especially my T-zone gets very oily.
Suah	Then you get breakouts often, right?
Minji	Yes. So managing sebum is really important.

어휘 배우기

✦ **다음 단어를 익혀 보세요.**

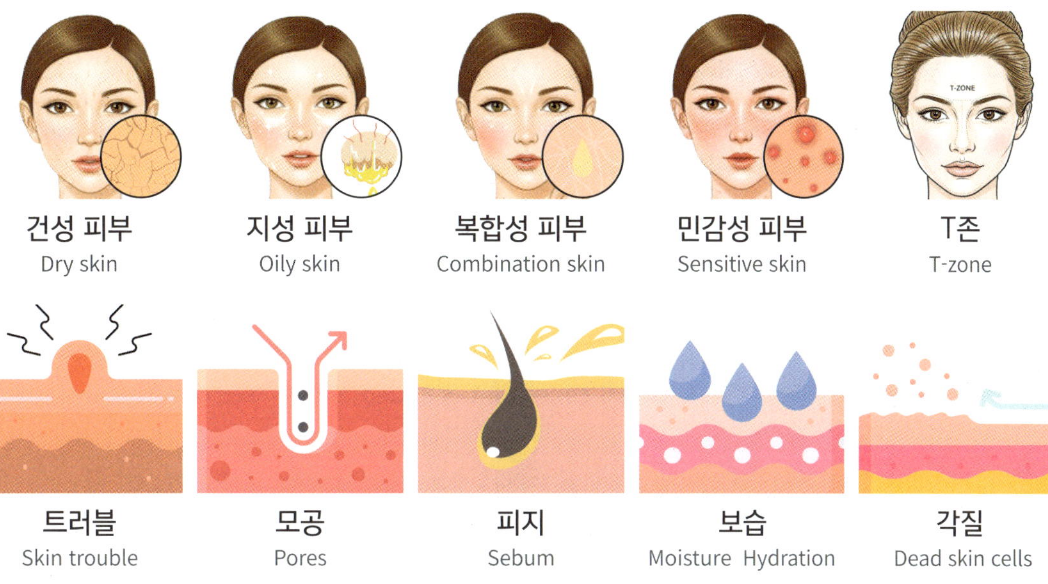

세안하다	바르다	번들거리다	거칠다	건조하다
to wash one's face	to apply (cosmetics)	to be oily/shiny	to be rough	to be dry

✦ **다음 [보기]의 단어를 골라 빈칸에 넣어 보세요.**

💡 **보기**　　건조하다 ｜ 거칠다 ｜ 세안하다 ｜ 번들거리다

1. 매일 비누로 ＿＿＿＿＿＿＿＿＿＿＿＿.

2. 얼굴이 너무 ＿＿＿＿＿＿＿＿＿＿＿＿. 그래서 보습 크림을 발랐어요.

3. 오후가 되면 T존이 많이 ＿＿＿＿＿＿＿＿＿＿＿＿.

4. 얼굴에 로션을 바르지 않아서 얼굴이 ＿＿＿＿＿＿＿＿＿＿＿＿.

✦ 다음 표현을 익히고 연습해 보세요.

'르' 불규칙   화장품을 조심해서 **발라요.**

▷ '르'가 '-아/어'를 만나면 '르' 앞에 'ㄹ' 받침이 붙고, '르'는 '라/러'로 바뀌어요.

▷ 앞의 모음이 'ㅗ, ㅏ'면 '라', 그 외의 모음이면 '러'로 바뀌어요.

예) 고르다 – 골라요   빠르다 – 빨라요

     기르다 – 길러요   부르다 – 불러요

· When "르" meets "-아/어", a "ㄹ" final consonant is added before "르", and "르" changes to "라" or "러".

· If the vowel before is 'ㅗ' or 'ㅏ', it changes to '라'. For other vowels, it changes to '러'.

✦ '르' 불규칙을 사용해서 문장을 완성해 보세요.

1) 나와 동생의 피부는 _______________.
(다르다)

2) 나는 내 피부 유형을 _______________.
(모르다)

3) 머리가 길어서 머리를 _______________.
(자르다)

4) 가게에서 화장품을 _______________.
(고르다)

표현 배우기 2

✦ **다음 표현을 익히고 연습해 보세요.**

-지요?	트러블도 자주 생기지요?

▷ '-지요?'는 확인할 때, 조심스럽게 물을 때 써요.

 예) 비싸다 – 비싸지요?   거칠다 – 거칠지요?
   유명하다 – 유명하지요?   어둡다 – 어둡지요?

· '-지요' is used when you want to check something or ask carefully

✦ **'-지요?'를 사용해서 문장을 완성해 보세요.**

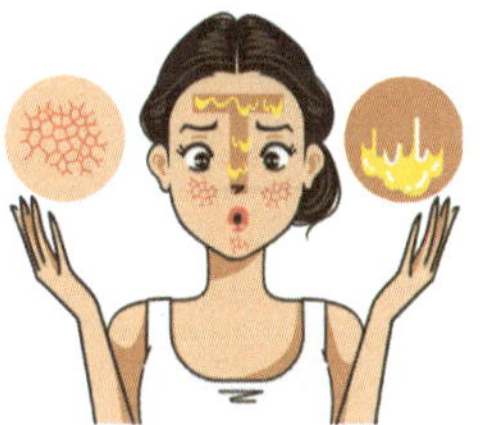

1) 가: 복합성 피부면 관리가 ___________?
          (어렵다)

 나: 네, 어려워요.

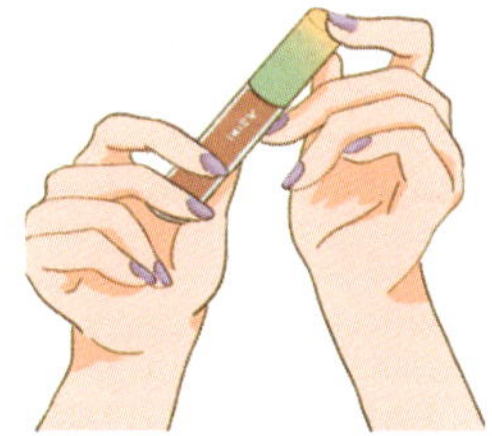

2) 가: 이거 어때요?

 나: 좋아 보여요. 그런데 이 화장품

 ___________________?
   (비싸다)

3) 가: 아침에 크림을 ___________?
       (바르다)

 나: 네, 피부가 건조하니까 꼭 발라요.

4) 가: 밤에 ___________________?
      (세안하다)

 나: 네, 안 그러면 트러블이 생기기 때문에
   꼭 해요.

해보기 1 나의 피부 카드 만들기

✦ **안나의 피부 카드를 참고하여 나의 피부 카드를 만들어 보세요.**

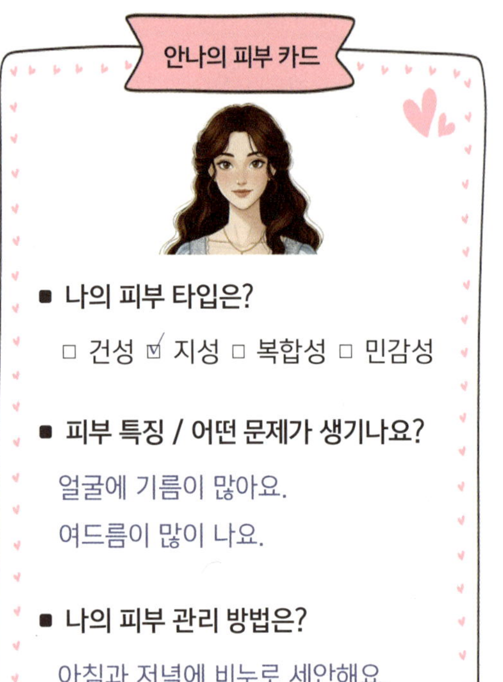

안나의 피부 카드

- **나의 피부 타입은?**
  □ 건성 ☑ 지성 □ 복합성 □ 민감성

- **피부 특징 / 어떤 문제가 생기나요?**
  얼굴에 기름이 많아요.
  여드름이 많이 나요.

- **나의 피부 관리 방법은?**
  아침과 저녁에 비누로 세안해요.

나의 피부 카드

- **나의 피부 타입은?**
  □ 건성 □ 지성 □ 복합성 □ 민감성

- **피부 특징 / 어떤 문제가 생기나요?**
  ____
  ____

- **나의 피부 관리 방법은?**
  ____

✦ **[보기]처럼 나의 피부에 대해 친구와 이야기해 보세요.**

보기

민지: 안나 씨, 피부가 어때요?

안나: 저는 얼굴에 기름이 많아요.

민지: 아, 그럼 지성 피부지요?

안나: 네. 그래서 여드름이 많이 나요.

민지: 그럼 어떻게 관리해요?

안나: 저는 아침과 저녁에 비누로 세안해요.

가: ○○ 씨, 피부가 어때요?

나: 저는 _____________________.

가: 아, 그럼 ___________피부지요?

나: 네. 그래서 _____________________.

가: 그럼 어떻게 관리해요?

나: 저는 _____________________.

해보기 2 DIY 천연 마스크팩 만들기

✦ **여러분의 피부 유형에 맞는 천연 마스크팩을 만들어 보세요.**

☑ 1단계: 피부 유형에 맞는 천연 재료 찾아보기

DRY 건성 피부

OILY 지성 피부

SENSITIVE 민감성 피부

COMBINATION 복합성 피부

☑ 2단계: 마스크 팩 레시피를 확인하기

준비물: ______________________________________

순서: ____

☑ 3단계: 직접 만들기 & 사용 후기 말하기

느낌 & 효과: ___________________________________

2과 내 피부를 위한 첫걸음, 기초 화장품 탐구!

학습 목표 ✏ 다양한 화장품 종류를 알고, 그 사용법과 특징을 이해하고 말할 수 있다.

질문하기 💬

Q 여러분은 화장품을 어떤 순서로 바르고 있어요?

Q 기초 화장품의 종류를 얼마나 알고 있어요?

✦ 다음을 읽어 보세요.

서준	수아 씨, 평소에 기초 화장품 써요?	Seojun	Sua, do you usually use basic skincare products?
수아	네, 써요. 그런데 화장품이 너무 많아서 뭐가 뭔지 잘 모르겠어요.	Sua	Yes, I do. But there are so many products, I can't really tell what's what.
서준	그럼 제가 알려 줄게요. 이건 토너예요. 세안 후에 피부결을 정리할 수 있어요.	Seojun	Then I'll explain it to you. This is toner. It helps to smooth your skin after washing your face.
수아	아, 물처럼 생겼네요. 이건 써 봤어요. 괜찮았어요.	Sua	Oh, it looks like water. I've used this before. It was pretty good.
서준	그 다음엔 크림을 발라 봐요. 영양이 많아서 피부가 더 좋아질 수 있어요. 그리고 마지막은 선크림! 자외선을 막아 주니까 꼭 발라야 해요.	Seojun	Next, try using a cream. It's rich in nutrients, so it can make your skin healthier. And finally, sunscreen! It protects your skin from UV rays, so you must use it.
수아	선크림은 미국에서도 썼어요. 한국 제품은 더 촉촉하다고 해서 써 보고 싶어요.	Sua	I used sunscreen in the U.S. too. I heard Korean products are more moisturizing, so I want to try them.
서준	잘됐네요. 여기 테스터가 있으니까 발라 봐요!	Seojun	Perfect! There's a tester here go ahead and try it on!

✦ 다음 단어를 익혀 보세요.

클렌징 폼
cleansing foam

필링 젤 (스크럽)
peeling gel (scrub)

토너(스킨)
toner

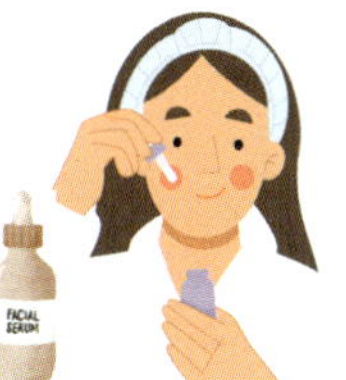

에센스(세럼)
essence (serum)

앰플
ampoule

로션
lotion

크림
cream

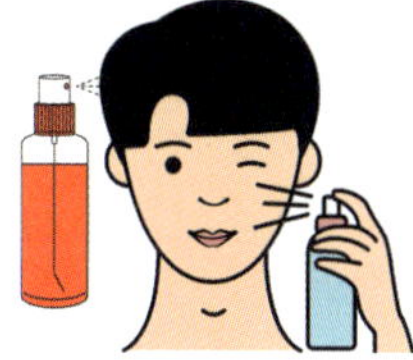

아이 크림
eye cream

미스트
facial mist

수딩 젤
soothing gel

짜다 to squeeze	**펴바르다** spread evenly	**문지르다** rub	**닦아 내다** wipe off	**뿌리다** spray
묽다 watery	**흡수력** absorption power	**발림성** spreadability	**유분감** oiliness	**수분감** hydration feel
가볍다 lightweight	**산뜻하다** refreshing	**촉촉하다** moisturizing	**부드럽다** soft / smooth	**끈적이다** sticky

✦ 다음 [보기]의 단어를 골라 빈칸에 넣어 보세요.

💡보기　　흡수력 │ 발림성 │ 유분감 │ 수분감

1. 이 토너는 피부에 닿으면 빠르게 스며들어요. 정말 _______________(이/가) 좋아요.

2. 이 크림은 _________(이/가) 있어서 지성 피부인 사람에게는 좀 무거운 느낌이에요.

3. 이 선크림은 뻑뻑하지 않고 부드럽게 펴 발라져요. _________(이/가) 좋아서 매일 손이 가네요.

4. 여름에 쓰기 좋은 젤 크림이에요. 바르고 나면 끈적임 없이 시원하고 _______________(이/가) 느껴져요.

✦ 다음 표현을 익히고 연습해 보세요.

-아/어/여 보다	테스터가 있으니까 **발라 봐요.**

- ▶ '-아/어/여 보다'는 어떤 일을 시도하거나 경험한 것을 말할 때 사용해요.
- ▶ 동사 끝에 오는 모음이 'ㅗ, ㅏ'면 '-아 보다', 다른 모음이면 '-어 보다', '하다'로 끝나면 '-해 보다'로 써요.

  예) 닦다 – 닦아 봐요 뿌리다 – 뿌려 봐요

  바르다 – 발라 봐요 문지르다 – 문질러 봐요

- '-아/어/여 보다' is used when you do something for the first time or talk about something you have experienced.
- If the last vowel of the verb stem is 'ㅏ' or 'ㅗ', use '-아 보다'. If it's another vowel, use '-어 보다'. If the verb ends in '하다', change it to '-해 보다'.

✦ '-아/어/여 보다'를 사용해서 문장을 완성해 보세요.

1) 피부가 너무 건조할 때 얼굴에 미스트를

_______________________.

(뿌리다)

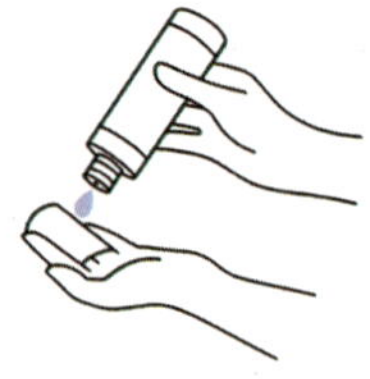

2) 세안 후에 화장솜에 토너를 묻혀 피부결을

_______________________.

(정리하다)

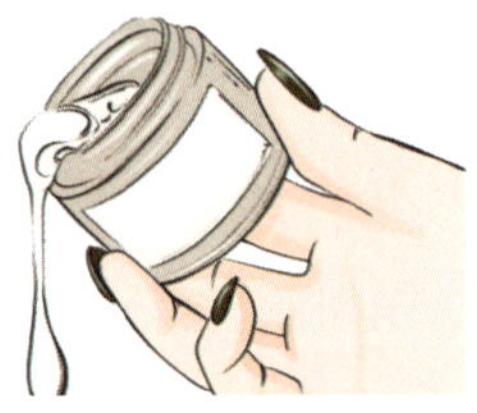

3) 이 크림을 얼굴에

_______________________.

(펴바르다)

4) 일주일에 한 번 스크럽을 사용해서

_______________________.

(세안하다)

✦ 다음 표현을 익히고 연습해 보세요.

| -(으)ㄹ 수 있다 | 피부가 더 좋아질 수 있어요. |

▶ '미래에 어떤 일이 일어날 가능성이 있거나, 현재 어떤 상황이 가능할 때 사용해요.

▶ 동사에 받침이 있으면 '-을 수 있다', 받침이 없으면 '-ㄹ 수 있다'를 붙여요.
  예) 건조하다 – 건조할 수 있어요   부드럽다 – 부드러울 수 있어요
      산뜻하다 – 산뜻할 수 있어요   끈적이다 – 끈적일 수 있어요

- It is used when something is possible in the future or when a situation is possible in the present.
- If the verb stem ends with a final consonant (받침), use '-을 수 있다'. If there is no final consonant, use '-ㄹ 수 있다'.

✦ '-(으)ㄹ 수 있다'를 사용해서 문장을 완성해 보세요.

1) 가: 이 수분 크림을 바르면 피부가 정말 좋아질까?

   나: 응, 꾸준히 바르면 피부가 더 ______

   ________________________.
   (촉촉해지다)

2) 가: 이 앰플을 바르면 많이 끈적일까?

   나: 응, 조금____________________.
                  (끈적이다)
   하지만 보습력은 정말 좋아.

3) 가: 화장을 했는데, 건조하면 어떻게 하지?

   나: 그럴 때 얼굴 위에 미스트를

   ________________________.
   (뿌리다)

4) 가: 너무 센 클렌징 폼 제품을 쓰는 건 안 좋겠지?

   나: 응, 피부가 ____________________.
                   (거칠어지다)

해보기 1 '뷰티 유튜버/인플루언서' 되어 보기

✦ 유튜버나 인플루언서가 제품을 리뷰하는 것처럼 화장품의 종류, 사용감, 장단점, 어떤 피부 타입에 추천하는지 등을 조사하고 정리해 보세요.

· 민감성 피부로 아무거나 못 쓰시는 분들

· 속건조가 심해서 피부 당김을 느끼시는 분들

· 환절기나 외부 자극으로 피부가 예민해져서 진정이 필요하신 분들

· 트러블 흔적이나 붉은 기를 개선하고 싶으신 분들

어떤 제품?	어떤 제형? 어떤 느낌?	어떤 피부?

✦ [보기]처럼 써서 여러분이 선택한 제품을 리뷰하는 영상을 찍어 보세요.

보기

안녕하세요, 여러분! 뷰티 꿈나무 OOO입니다. 오늘은 제가 요즘 너무 잘 쓰고 있는 'OOO 앰플'을 소개해 드릴게요!

이 앰플은 젤 제형이지만 절대 끈적이지 않고, 피부에 닿으면 부드럽게 스며들어 촉촉하고 산뜻해져요. 향도 좋아요!"

민감한 피부와 속 당김이 고민이신 분, 피부 진정이 필요하신 모든 분들께 'OOO 앰플' 강력 추천해요! 오늘 저의 OOO 앰플 리뷰가 도움이 되셨기를 바라요!

좋아요와 구독, 알림 설정 잊지 마시고요.
다음 영상에서 만나요! 안녕~

✦ 간단한 힌트를 듣고, 화장품을 맞춰 보세요.

❶ 세안 후에 피부에 가장 먼저 바르는 거예요.
피부결을 정돈해 줘요.
이것은 무엇일까요?

❷ 피부가 예민할 때 진정시켜 주는 제품이에요.
알로에 성분이 들어 있어요.
이것은 무엇일까요?

❸ 눈가 주름을 예방하고 싶을 때 발라요.
소량만 살짝 바르는 제품이에요.
이것은 무엇일까요?

❹ ·······.
이것은 무엇일까요?

✦ 여러분이 새로운 화장품을 개발해 보세요. 직접 화장품 이름을 짓고, 어떤 특징을
가지고 있는지 등을 구체적으로 설명해 보세요.

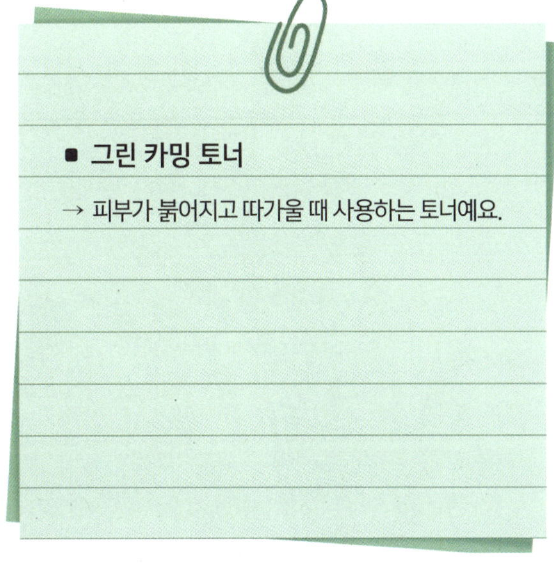

 3과 꿀피부의 비밀을 알아봐요!

한국어로 피부 관리 제품을 소개하고 추천할 수 있다.

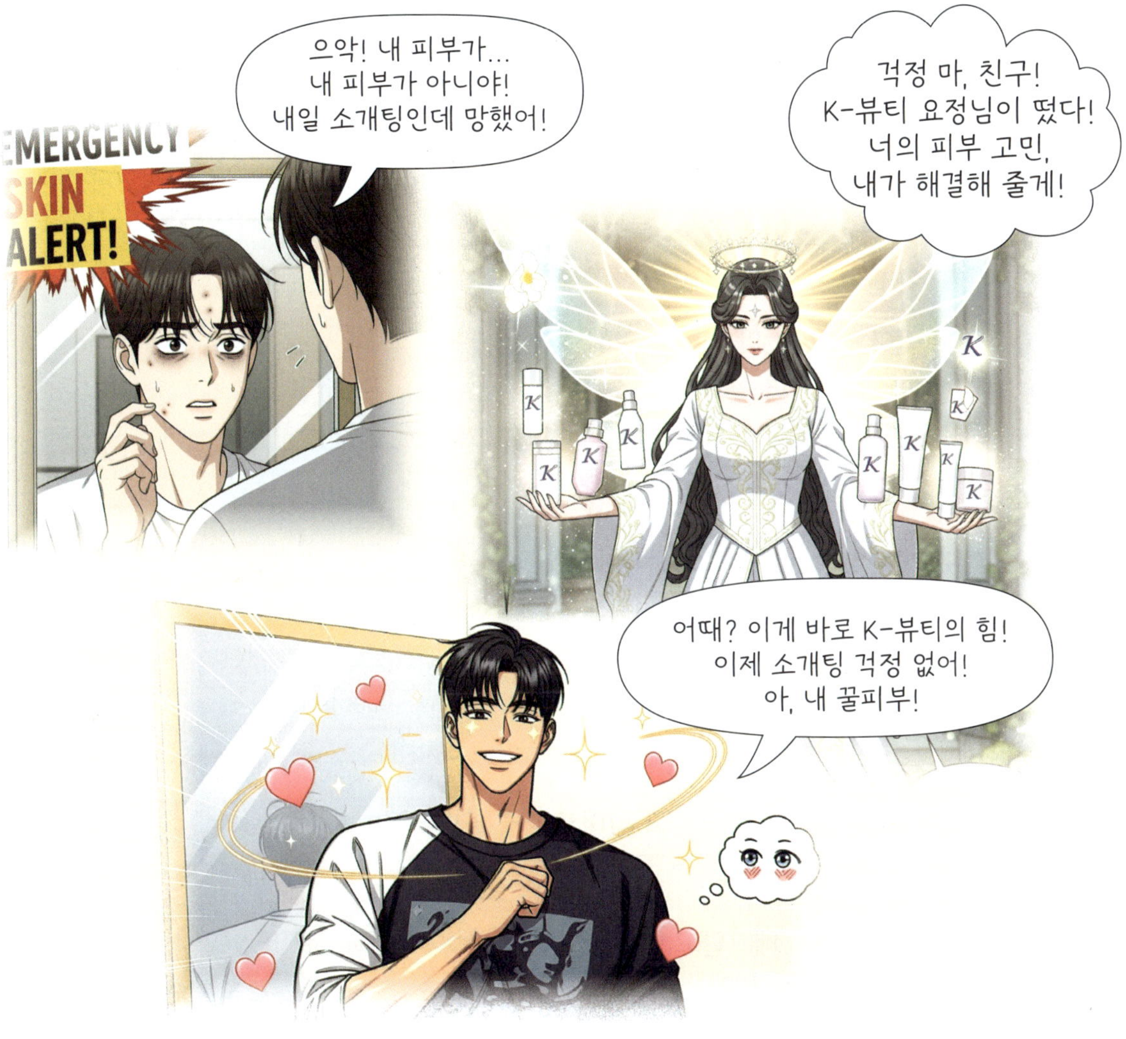

Q 한국에서 '꿀피부'라는 말을 들어봤어요? 무슨 뜻일까요?

Q 여러분은 피부 때문에 고민한 적이 있어요? 어떤 피부를 갖고 싶어요?

대화 배우기

✦ **다음을 읽어 보세요.**

안나	서준 씨, 이 크림 좋아요! 피부가 촉촉해져요.
서준	와, 정말요? 안 그래도 피부 때문에 고민이었는데…….
안나	음, 서준 씨 피부는 조금 민감하다고 했죠? 그럼 병풀 추출물이 있는 제품이 좋아요.
서준	아, 맞아요! 그럼 이 세럼은 어때요? 미백에 좋다고 써 있어요. 세수한 후에 바르면 될까요?
안나	네, 비타민 C가 들어 있어서 피부가 밝아져요. 서준 씨는 어떤 피부를 갖고 싶어요?
서준	저는 물광 피부나 도자기 피부처럼 촉촉하고 빛나는 피부를 갖고 싶어요. 안나 씨는요?
안나	저는 꿀피부요. 매끄럽고 윤기 있는 피부가 제일 예쁜 것 같아요.
서준	그럼 우리 같이 꿀피부를 만들어 봐요.

Anna	Seojun, I really like this cream! It makes my skin feel so moisturized.
Seojun	Wow, really? I've actually been worried about my skin lately...
Anna	Hmm, Didn't you say your skin is a bit sensitive? Then products with Centella asiatica extract are good for you.
Seojun	Ah, that's right! Then how about this serum? It says it's good for brightening. Should I apply it after washing my face?
Anna	Yes, it contains vitamin C, so it helps brighten your skin. What kind of skin do you want to have, Seojun?
Seojun	I want moist and radiant skin like "water-glow skin" or "porcelain skin". How about you, Anna?
Anna	I want "honey skin" smooth and glowing skin is the most beautiful, I think.
Seojun	Then let's work on getting honey skin together.

어휘 배우기

✦ 다음 단어를 익혀 보세요.

꿀피부
honey skin

물광 피부
water-glow skin

도자기 피부
porcelain skin

유리알 피부
glass skin

피부 진정
skin soothing

피부 미백
skin whitening

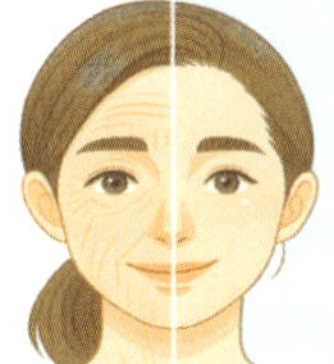

주름 개선
wrinkle improvement

탄력 증진
improving lasticity

피부 재생
skin regeneration

히알루론산 Hyaluronic Acid	**비타민 C** Vitamin C	**병풀 추출물** Cica	**레티놀** Retinol	**세라마이드** Ceramide
헹구다 to rinse	**적시다** to soak	**붙이다** to attach	**제거하다** to remove	**흡수되다** to absorb

✦ 다음 [보기]의 단어를 골라 빈칸에 넣어 보세요.

💡보기　　피부 진정 │ 피부 미백 │ 탄력 증진 │ 피부 재생

1. 피부가 칙칙해서 _________________ 제품을 쓰고 있어요.

2. 여드름 자국이 심해서 _________________ 크림을 사용하고 있어요.

3. 저는 피부가 예민해요. 그래서 _________________ 화장품을 찾고 있어요.

4. 나이가 들면서 주름이 많아져서 _________________ 제품을 바르고 있어요.

표현 배우기 1

✦ 다음 표현을 익히고 연습해 보세요.

N(이)나 N	물광 피부나 도자기 피부를 좋아해요.

- ▶ 두 가지 중에서 하나를 고를 때 사용하는 표현이에요.
- ▶ 앞에 오는 명사에 받침이 있으면 '이나', 없으면 '나'를 붙여요.

  예) 토너, 에센스 – 토너나 에센스

  클렌징 폼, 클렌징 오일 – 클렌징 폼이나 클렌징 오일

- This is an expression used when you choose one from two options.
- If the noun has a final consonant (받침), you add '이나'. If there is no final consonant, you add '나'.

✦ '(이)나'를 사용해서 문장을 완성해 보세요.

1) 가: 피부가 너무 건조해요. 뭐가 좋을까요?

   나: ＿＿＿＿＿＿＿＿ 제품을 써 보세요.
   (히알루론산, 비타민 C)

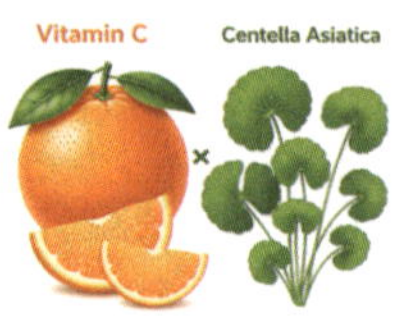

2) 가: 잡티가 많아요. 어떻게 관리해요?

   나: ＿＿＿＿＿＿＿＿ 제품을 추천해요.
   (비타민 C, 병풀 추출물)

3) 가: 화사한 피부를 원해요.

   나: ＿＿＿＿＿＿＿＿ 제품을 써 보세요.
   (피부 미백, 피부 진정)

4) 가: 피부 탄력을 주고 싶어요.

   나: ＿＿＿＿＿＿＿＿ 제품이 좋아요.
   (레티놀, 세라마이드)

표현 배우기 2

-(으)ㄴ 후에	세안한 후에 발라요.

▷ 어떤 일이 끝난 다음에 다른 일을 하거나, 어떤 상태를 말할 때 사용해요.

▷ 동사 끝에 받침이 있으면 '-은 후에', 받침이 없으면 '-ㄴ 후에'를 써요.

예) 닦다 – 닦은 후에 　　　　　적시다 – 적신 후에
　　씻다 – 씻은 후에 　　　　　붙이다 – 붙인 후에

- You use it when you do another action after something is finished, or when you talk about a new state after something is finished.
- If the verb stem ends with a final consonant (받침), use '-은 후에'; if there is no final consonant, use '-ㄴ 후에'.

✦ '-(으)ㄴ 후에'를 사용해서 문장을 완성해 보세요.

1) 토너를 화장솜에 ＿＿＿＿＿＿＿ 얼굴
　　을 닦아내요. ^(적시다)

2) 마스크 팩을 얼굴에 ＿＿＿＿＿＿＿
　　10분 동안 기다려요. ^(붙이다)

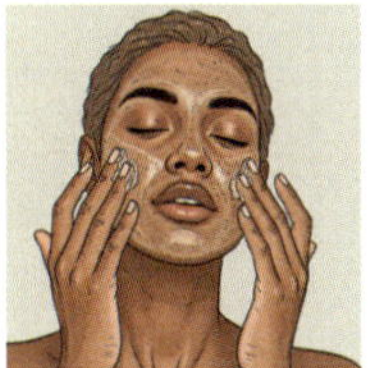

3) 각질을 ＿＿＿＿＿＿＿ 피부가 부드러워
　　졌어요. ^(제거하다)

4) 비눗물을 ＿＿＿＿＿＿＿ 에센스를 바
　　를 거예요. ^(헹구다)

✦ **여러분의 피부 관리 루틴을 소개해 보세요.**

STEP 1: 내 피부 상태 확인하기	건조해요, 민감해요, 트러블이 있어요, 칙칙해요, 주름이 있어요.
STEP 2: 원하는 피부 고르기	꿀피부, 물광 피부, 도자기 피부, 유리알 피부
STEP 3: 사용하는 제품	클렌징 폼, 토너, 스킨, 에센스, 세럼, 앰플, 로션, 크림, 미스트 등
STEP 4: 스킨케어 순서	세수한 후에 토너를 발라요.

✦ **[보기]처럼 나의 피부 관리에 대해 친구와 이야기해 보세요.**

보기

안나: 서준아, 피부 왜 이렇게 좋아졌어? 꿀피부네!

서준: 하하, 나 스킨케어 루틴 좀 바꿨지! 별거 아냐.

안나: 뭔데 뭔데? 나도 꿀피부 되고 싶단 말이야!

서준: 좋아! 그럼 내가 요즘 하는 스킨케어 순서 알려줄게. 제일 중요한 건 꼼꼼한 세안이야. 세안 후엔 토너를 듬뿍 묻힌 화장솜으로 얼굴을 부드럽게 닦아서 피부결 정돈하고 각질 제거까지 해. 그다음엔 진정 앰플을 발라줘.

안나: 오, 나도 해 봐야겠다. 제품 추천해 줄 수 있어?

서준: 당연하지! 써 보고 너한테 맞는 거 찾아봐!

가: ○○○, 피부 왜 이렇게 좋아졌어? 너 꿀피부네!

나: 하하, 나 스킨케어 루틴 좀 바꿨지! 별거 아냐.

가: 뭔데 뭔데? 나도 꿀피부 되고 싶단 말이야!

나: 좋아! 그럼 내가 요즘 하는 스킨케어 순서 알려줄게. ________________________________

____

____

________________________.

가: 오, 나도 해 봐야겠다. 제품 추천해 줄 수 있어?

나: 당연하지! 써 보고 너한테 맞는 거 찾아봐!

해보기 2 나만의 화장품 만들기

✦ 화장품의 성분을 먼저 알아보고, 여러분의 피부에 맞는 성분을 선택해서 나만의 화장품을
만들어 보세요.

☑ 1단계: 화장품 라벨에서 성분 찾기

☑ 2단계: 성분 기능 알아보기
예) 히알루론산 → 보습 → 피부가 촉촉해져요.

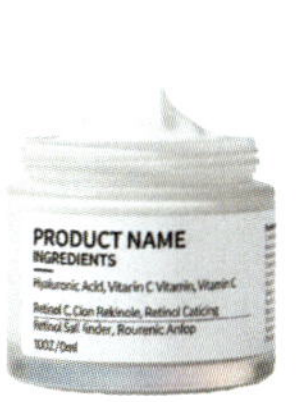

☑ 3단계: 내가 만들 제품 정하기
예) "보습 세럼을 만들 거예요."

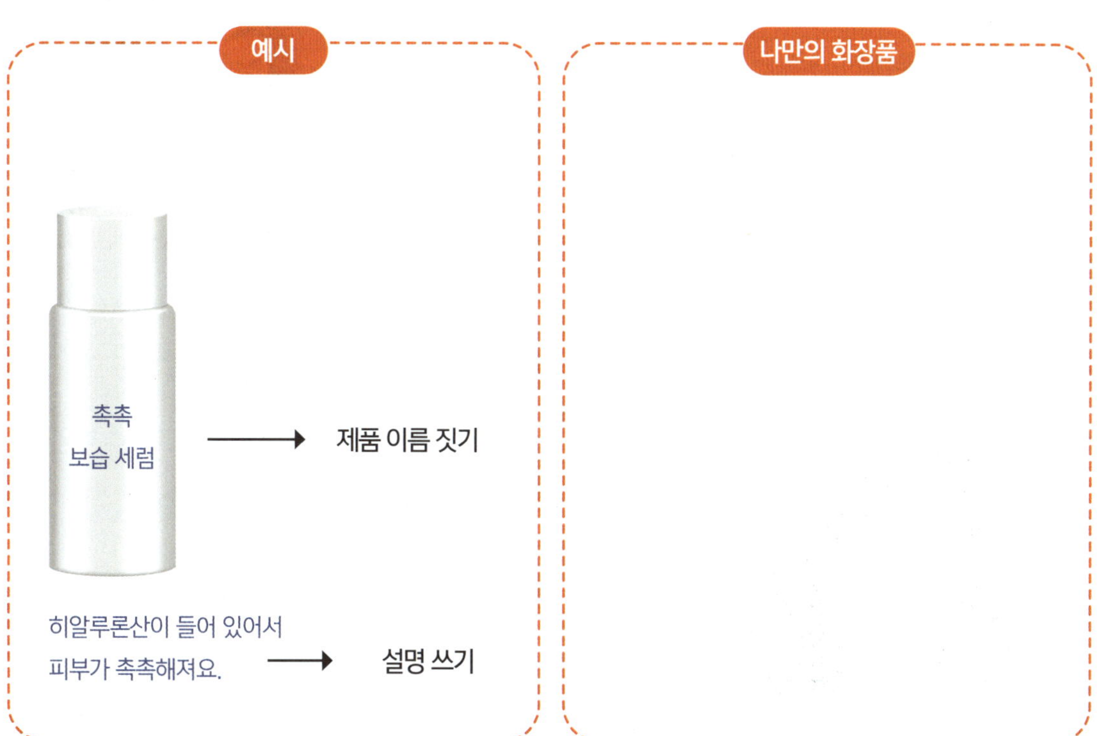

따라하기 꿀피부 루틴 따라하기

✦ 오늘은 여러분과 함께, 한국에서 인기 있는 꿀피부 만들기 루틴을 배워볼 거예요. 여러분도 따라하면서 꿀피부에 도전해 보세요!

Step 1: 세안

먼저 세안해요. 저는 이 약산성 클렌징폼을 써요.
이렇게 손에 거품을 많이 내고, 얼굴에 부드럽게 문질러 주세요.
눈 주위는 조심하세요.
그리고 미지근한 물로 깨끗이 씻어요.
세안이 끝났어요.

Step 2: 토너

이제 토너를 바를 시간이에요.
저는 화장솜에 토너를 적셔요.
얼굴 안쪽에서 바깥쪽으로 부드럽게 닦아 주세요.
피부결이 정돈되고, 수분도 생겨요.

Step 3: 에센스

다음은 에센스예요.
이 제품에는 병풀 추출물이 들어 있어서 피부가 진정돼요.
이렇게 손에 조금 덜고, 볼, 이마, 턱에 콕콕 찍어요.
그리고 손바닥으로 톡톡 두드려요. 피부가 점점 촉촉해져요.

Step 4: 크림

이제 크림을 바를 거예요.
저는 수분 크림을 써요.
이 크림에는 세라마이드가 들어 있어서 피부 장벽을 지켜 줘요.
얼굴 전체에 바르고, 손으로 지그시 눌러 마무리해요.
부드럽고 편안해요.

선택 Step: 마스크 팩

오늘은 특별한 날이라서 마스크 팩도 해요.
비타민 C 마스크 팩을 얼굴에 붙이고 10분 정도 기다려요.
이제 떼어내고, 남은 에센스는 톡톡 두드려 흡수시켜요.

☑ 오늘 꿀피부 루틴, 어렵지 않았지요? 여러분도 집에서 한번 해 보세요.

4과 내 피부 톤은 따뜻할까? 차가울까?

학습 목표 퍼스널 컬러가 무엇인지 알고, 나에게 어울리는 색을 말할 수 있다.

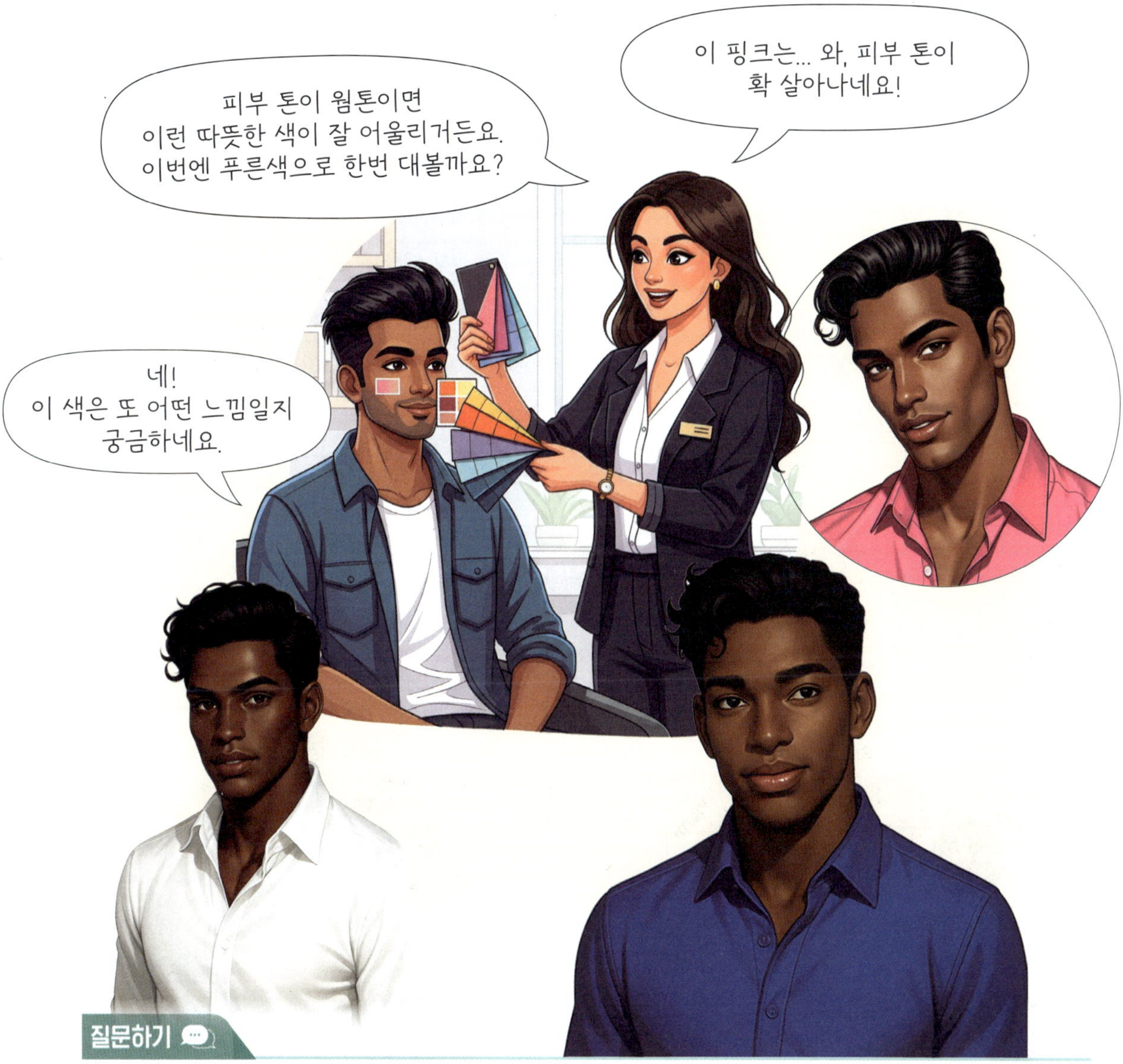

Q 여러분은 어떤 색 옷이 가장 잘 어울려요?

Q 여러분은 '쿨톤, 웜톤'이라는 말을 들어 봤어요?

✨ **다음을 읽어 보세요.**

직원	이번에 새로 나온 코랄 오렌지 립스틱이에요. 한번 발라 보시겠어요?	Staff	This is our new coral orange lipstick. Would you like to try it on?
민지	색은 예쁜데 제가 바르니까 얼굴이 좀 누렇게 보이는 것 같아요.	Minji	The color is pretty, but it makes my face look a bit yellow.
직원	그럼 이 로즈 핑크 립스틱은 어때요?	Staff	Then how about this rose pink?
민지	와! 이 색을 바르니까 얼굴이 훨씬 밝아 보여요.	Minji	Wow! this color really brightens up my face.
직원	네, 손님은 쿨톤인 것 같아요. 핑크나 체리색이 잘 어울리세요.	Staff	Yes, I think you're a cool tone. Pink or cherry shades suit you well.
민지	좋아요. 그럼 이 로즈 핑크로 할게요.	Minji	Great! Then I'll go with this rose pink.

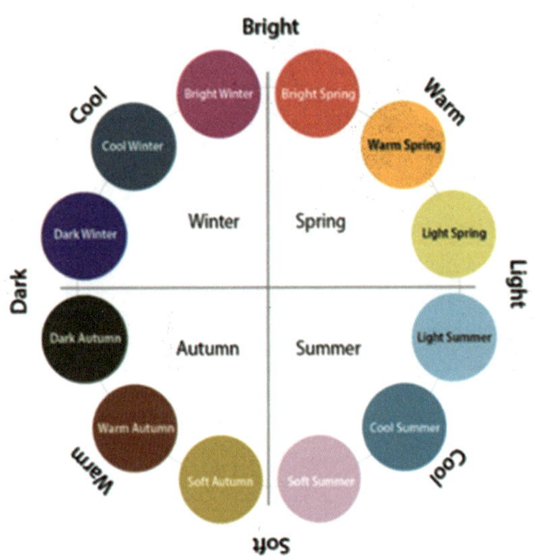

어휘 배우기

✦ 다음 단어를 익혀 보세요.

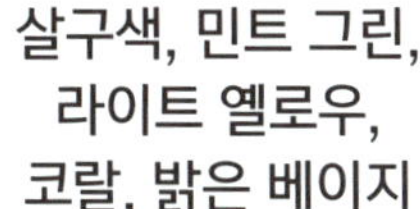

살구색, 민트 그린, 라이트 옐로우, 코랄, 밝은 베이지	라벤더, 로즈 핑크, 베이비 핑크, 스카이 블루, 그레이시 블루	카멜, 브라운, 올리브 그린, 머스타드, 벽돌색	버건디, 네이비, 푸시아 핑크, 블랙, 화이트

피부 톤	톤 업	톤 다운	웜톤	쿨톤
skin tone	tone-up	tone-down	warm tone	cool tone
밝다	**어둡다**	**진하다**	**연하다**	**생기 있다**
bright	dark	strong (for colors)	faint (for colors)	energetic
환하다	**칙칙하다**	**투명하다**	**창백하다**	**어울리다**
bright	dull	transparent	look pale	match

✦ 다음 [보기]의 단어를 골라 빈칸에 넣어 보세요.

💡보기   밝다 | 어둡다 | 창백하다 | 생기 있다

1. 겨울 쿨톤은 네이비 같은 ________________ (으)ㄴ 컬러도 잘 소화해요.

2. 피부 톤이 ________________ (아/어/여서) 파스텔 톤이 잘 받는 것 같아요.

3. 이 색깔의 옷을 입었더니 얼굴이 더 환하고, ______________ (으)ㄴ/는 것 같아요.

4. 웜톤 사람이 하얀색 옷을 입으면 아픈 사람처럼 ______________ (아/어/여) 보일 수 있어요.

✦ 다음 표현을 익히고 연습해 보세요.

-은/는 어때요?	**로즈 핑크 립스틱은 어때요?**

▶ 어떤 사람이나 물건, 행동, 상태에 대해 생각이나 느낌을 물을 때 사용해요.

▶ 앞의 명사에 받침이 있으면 '–은 어때요?', 받침이 없으면 '–는 어때요?'를 써요.

예) 실버 액세서리 – 실버 액세서리는 어때요?

분홍 립스틱 – 분홍 립스틱은 어때요?

· It is used to ask about someone's thoughts or feelings about a person, thing, action, or state.

· If the noun ends with a final consonant (받침), use '은 어때요?', If it ends without a final consonant, use '는 어때요?'.

✦ '-은/는 어때요?'를 사용해서 문장을 완성해 보세요.

1) 봄 웜톤에 잘 어울리는

______________________?

(살구색 원피스)

2) 여름 쿨톤이면

______________________?

(라벤더색 섀도우)

3) 가을 웜톤에는

______________________?

(카멜색 코트)

4) 겨울 쿨톤이니까

______________________?

(버건디 립스틱)

표현 배우기 2

✦ 다음 표현을 익히고 연습해 보세요.

-아/어/여 보이다	얼굴이 밝아 보여요.

▷ 겉모습이나 행동, 상태를 보고 그렇게 느껴졌을 때 사용해요.

▷ 앞 동사의 끝 모음이 'ㅗ, ㅏ'면 '-아 보이다', 다른 모음이면 '-어 보이다', '하다'는 '-여 보이다'를 사용해요.

예) 밝다 – 밝아 보여요   생기 있다 – 생기 있어 보여요
    어둡다 – 어두워 보여요   창백하다 – 창백해 보여요

- This expression is used when you say how something looks, based on its appearance, behavior, or condition.
- If the last vowel of the verb stem is 'ㅗ or ㅏ', use '-아 보이다', if it's another vowel, use '-어 보이다', for '하다' verbs, use '-여 보이다'.

✦ '-아/어/여 보이다'를 사용해서 문장을 완성해 보세요.

1) 이 코랄 립스틱은

_______________________________.
(화사하다)

2) 민트색 옷을 입으면 얼굴이

_______________________________.
(밝다)

3) 노란색 옷을 입으니까 피부가 더

_______________________________.
(칙칙하다)

4) 핑크색 블러셔를 바르니까

_______________________________.
(귀엽다)

해보기 1 퍼스널 컬러 진단하기

✦ 나는 쿨톤일까? 웜톤일까? 퍼스널 컬러 진단 어플(잼페이스)로 퍼스널 컬러 셀프 진단을 해 보세요.

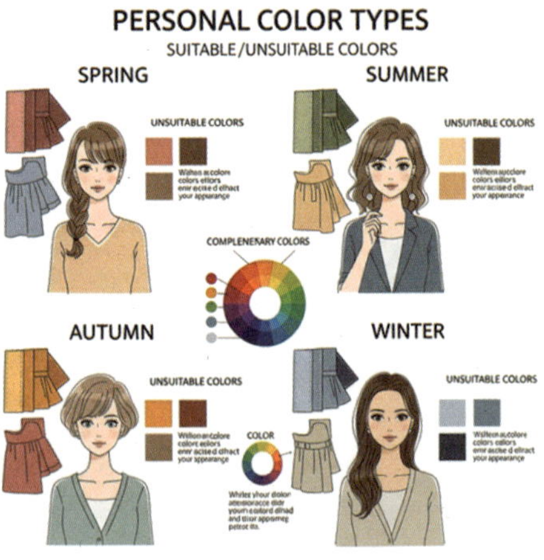

퍼스널 컬러	어울리는 색	피해야 되는 색
봄 웜톤	살구색, 코랄, 라이트 옐로우, 밝은 베이지, 민트 그린	회색, 네이비, 버건디, 밝은 보라
여름 쿨톤	라벤더, 베이비 핑크, 스카이블루, 로즈 핑크	원색 빨강, 진한 오렌지, 카키, 브라운
가을 웜톤	카멜, 브라운, 올리브 그린, 머스타드	형광색, 푸른 회색, 파스텔 블루
겨울 쿨톤	버건디, 네이비, 푸시아 핑크, 블랙, 화이트	아이보리, 연노랑, 베이지, 브라운

✦ [보기]처럼 자신의 퍼스널 컬러에 대해 친구와 이야기해 보세요.

보기

안나: 이 버건디 색 티셔츠가 예쁜데, 저한테는 안어울리네요.

민지: 안나씨는 봄 웜톤이니까 살구색이나 노란색이 잘 어울려요.

안나: 그래요? 저는 버건디나 회색이 좋은데 입으면 얼굴이 칙칙해 보여요.

민지: 아마 피부 톤이랑 티셔츠 색이랑 안 맞아서 그럴 거예요.

안나: 그러면 이 오렌지색 티셔츠는 어때요?

민지: 잘 어울려요. 안나 씨는 오렌지색을 입으면 더 화사해 보여요.

가: 이 __________ 색 티셔츠가 예쁜데, 저한테는 안어울리네요.

나: ○○ 씨는 __________이니까 __________이 잘 어울려요.

가: 그래요? 저는 __________색이 좋은데 입으면 얼굴이 __________보여요.

나: 아마 피부 톤이랑 티셔츠 색이랑 안 맞아서 그럴 거예요.

가: 그러면 이 __________ 티셔츠는 어때요?

나: 잘 어울려요. ○○ 씨는 __________(을/를) 입으면 더 __________보여요.

해보기 2 퍼스널 컬러 OOTD 코디하기

✦ 나의 퍼스널 컬러를 생각하며, 어울리는 색으로 오늘의 패션을 직접 코디해 보세요.

봄 웜톤   가을 웜톤

여름 쿨톤   겨울 쿨톤

✦ 나의 'OOTD'를 소개해 주세요.

예시	나의 OOTD
저는 봄 웜톤이에요. 오늘 OOTD를 소개할게요. 상의는 살구색 블라우스, 하의는 연한 크림 팬츠, 립은 코랄 핑크 립스틱이에요. 화사하고 생기 있어 보여요!	

✦ 우리의 퍼스널 컬러는 가을 웜톤이에요. 그래서 오늘은 가을 웜톤 피부에 잘 어울리는 메이크업을 직접 해 볼 거예요.

Step 1: 베이스 바르기

먼저 쿠션을 바를게요. 저는 웜 베이지색 쿠션을 써요.
이 색이 제 피부와 잘 어울려요.
이렇게 톡톡 두드리면 자연스럽고 깔끔하게 커버할 수 있어요.
너무 두껍지 않게 바르는 게 좋아요.

Step 2: 아이브로우

이제 눈썹을 그릴게요.
저는 브라운 색 펜슬을 써요.
검정색보다 더 부드럽고 자연스러워요.
눈썹이 너무 진하지 않게, 있는 모양을 따라 살짝만 그려요.

Step 3: 립밤 바르기

마지막으로 립밤을 바를게요.
그냥 투명 립밤이 아니라, 붉은 갈색이 살짝 들어 있어요.
너무 진하지 않고, 입술에 생기를 줘요.
남자도 이렇게 바르면 자연스럽고 좋아요!

Step 4: 블러셔

이제 제가 해 볼게요! 먼저 블러셔를 바를 거예요.
이 블러셔 색은 오렌지 레드예요.
가을 분위기랑 잘 어울리는 따뜻한 색이에요.
볼 중앙에서 바깥쪽으로 살살 쓸어주세요.
너무 진하게 바르면 안 돼요. 자연스럽게~!

Step 5: 립 메이크업

마지막으로 립 메이크업이에요.
이 립틴트 색은 오렌지 레드예요.
입술 안쪽부터 바르고 살짝 펴주면 자연스럽게 표현할 수 있어요.

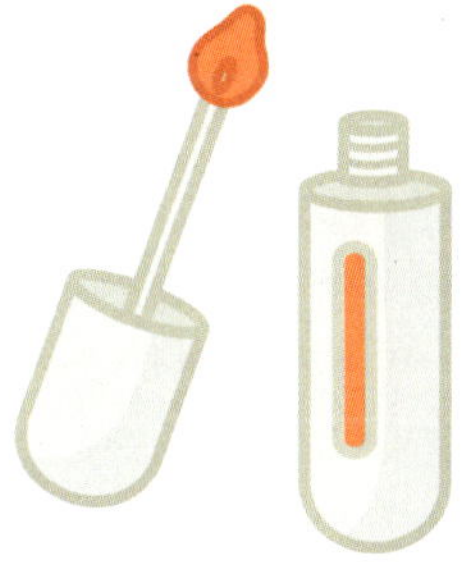

☑ 퍼스널 컬러 화장법, 어렵지 않지요? 여러분도 나의 퍼스널 컬러에 맞게 화장을
해 보세요.

5과 생얼 같은 내 얼굴의 비밀!

학습 목표 ✏ 피부 상태에 따른 기초 화장법에 대해 이해하고 말할 수 있다.

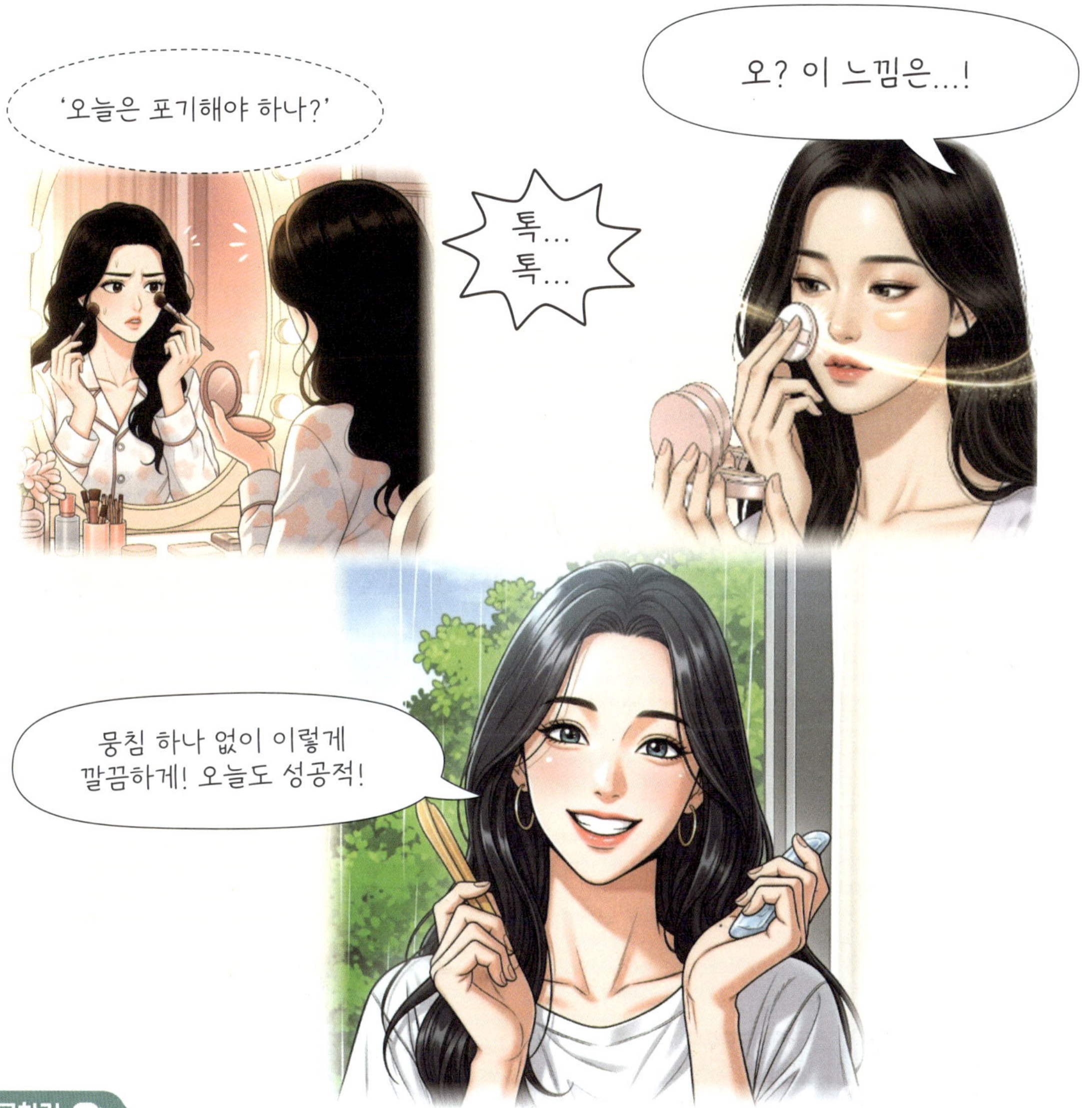

Q 여러분은 피부에 대한 고민이 있어요?

Q 피부 문제를 해결하기 위한 방법을 알고 있어요?

대화 배우기

✦ **다음을 읽어 보세요.**

안나	수아 씨, 오늘 화장 안 한 것 같은데 피부가 되게 좋아 보여요!
수아	요즘은 쌩얼처럼 보이게 기초 화장만 살짝 하는 편이에요.
안나	전 다크서클이 심해서 화장을 해도 늘 피곤해 보인대요.
수아	그럴 땐 눈 밑에 컨실러를 바르면 가릴 수 있어요.
안나	와, 그런 방법이 있었군요! 다른 꿀팁도 있으면 알려 주세요.
수아	그리고 수분 크림을 바른 후에 메이크업 베이스를 얇게 펴 바르면 더 자연스럽고 촉촉해 보여요.

Anna	Sua, It looks like you're not wearing any makeup today, but your skin looks really nice!
Sua	These days, I just do light base makeup to make it look like I'm not wearing any.
Anna	I have dark circles, so even with makeup, people say I always look tired.
Sua	In that case, you can use concealer under your eyes to cover them.
Anna	Wow, I didn't know that! Please share more beauty tips if you have any.
Sua	Also, if you apply a moisturizing cream first and then spread a thin layer of makeup base, your skin will look more natural and dewy.

어휘 배우기

✦ **다음 단어를 익혀 보세요.**

메이크업 베이스
makeup base

프라이머
primer

파운데이션
foundation

톤업 크림
tone-up cream

비비 크림
BB cream

컨실러
concealer

쿠션
cushion (foundation)

파우더
powder

자외선 차단제
Sunscreen

픽서
Setting Spray

살짝
lightly

듬뿍
a lot

톡톡
tapping

꼼꼼하게
thoroughly

매끄럽게
evenly

가리다
cover / hide

두드리다
to tap / to pat

보송하다
matte / dry and soft

칙칙하다
to look dull / dark

**화장이 뜨다 /
화장이 뭉치다**
separates /
makeup clumps

✦ **다음 [보기]의 단어를 골라 빈칸에 넣어 보세요.**

💡**보기**　　컨실러 ｜ 톤업 크림 ｜ 자외선 차단제 ｜ 메이크업 베이스

1. 잡티나 다크서클을 가리려면 _______________________ (을/를) 쓰세요.

2. 피부색을 정돈해 주는 기초 메이크업 단계 제품은 _______________________ (이)예요.

3. 피부 톤을 한층 밝고 화사하게 보이고 싶어서 _______________________ (을/를) 사용해요.

4. 야외 활동 전에는 반드시 _______________ (을/를) 발라야 피부를 보호할 수 있어요.

표현 배우기 1

✦ **다음 표현을 익히고 연습해 보세요.**

-게	쿠션만 **가볍게** 발랐어요.

▶ 앞 문장의 내용이 뒤 문장의 정도, 목적, 방법을 말할 때 사용해요.

예) 밝다 – 밝게 　　　　　 예쁘다 – 예쁘게
　　두텁다 – 두텁게 　　　 꼼꼼하다 – 꼼꼼하게

- The content of the first clause is used like an adverb to describe the degree, purpose, or method of the action in the second clause.

✦ **'-게' 를 사용해서 문장을 완성해 보세요.**

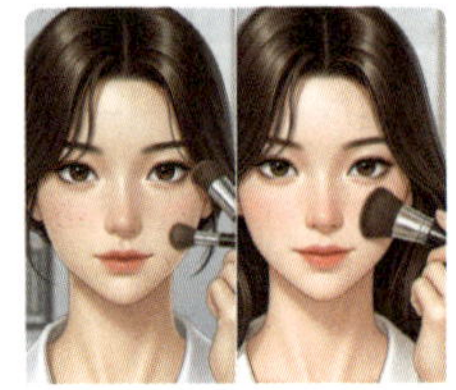

1) 잡티를 가려 주면 피부가

_________________________ 보여요.
(깨끗하다)

2) 수분 크림을 바르면 얼굴이 더

_________________________ 보여요.
(촉촉하다)

3) 메이크업 베이스 색을 잘못 선택하면

_________________________ 보여요.
(어둡다)

4) 톤업 크림을 바르면 피부가

_________________________ 보여요.
(환하다)

표현 배우기 2

✦ 다음 표현을 익히고 연습해 보세요.

-(으)ㄴ/는 편이다	기초 화장만 하는 편이에요.

▷ 어떤 성향이나 상태가 완전히 그렇지는 않지만, 그런 쪽에 가까울 때 사용해요.

▷ 형용사에 받침이 있으면 '-은 편이다', 받침이 없으면 '-ㄴ 편이다', 동사의 현재 시제에는 '-는 편이다'를 써요.

예) 많다 – 많은 편이다   심하다 – 심한 편이다

     어둡다 – 어두운 편이다   건조하다 – 건조한 편이다

- It is used when something doesn't completely have a certain tendency or state, but is somewhat close to it.
- If the verb or adjective stem ends with a final consonant (받침), use '-은 편이다'; if it ends without a final consonant, use '-ㄴ 편이다'; for verbs in the present tense, use '-는 편이다'.

✦ '-(으)ㄴ/는 편이다'을 사용해서 문장을 완성해 보세요.

1) 가: 피부가 예민하신가 봐요.

   나: 네, 저는 피부가 민감해서 잡티가 자주

   _______________________.

   (나다)

2) 가: 이 제품 자주 쓰세요?

   나: 네, 끈적이지 않고 부드러워서 자주

   _______________________.

   (바르다)

3) 가: 화장할 때 프라이머도 사용하세요?

   나: 네, 모공을 가리기 위해서 프라이머를

   _______________________.

   (쓰다)

4) 가: 오일 제품은 잘 안 쓰시는 것 같네요.

   나: 맞아요. 얼굴에 유분이 많아서 오일을 잘

   _______________________.

   (사용하지 않다)

✦ **여러분의 얼굴에 어울리는 메이크업 베이스 색은 무엇일까요?**

톤 보정보다 커버가 필요해요.
베이지색은 잡티나 모공을 자연스럽게 가려 줘요.

얼굴에 붉은 기가 많아요.
피부에 잡티, 여드름 자국이 많아요.
초록색은 붉은 기를 줄여서 깨끗하게 보여요.

전체적으로 어두운 피부예요.
하얀색은 피부가 자연스럽고 따뜻해 보여요.

피부가 하얗고 창백해요.
피부가 노랗고 칙칙해 보여요.
보라색은 얼굴을 생기 있고, 더 밝게 보여요.

✦ **[보기]처럼 친구와 기초 메이크업에 대해 이야기해 보세요.**

보기

수아: 안나 씨는 피부가 참 좋네요. 저는 홍조가 있어서 걱정이에요.

안나: 그럼 기초 화장법을 바꿔 보세요. 보통 어떤 제품을 써요?

수아: 저는 자외선 차단제를 바른 다음에 비비 크림 하나만 발라요.

안나: 그러면 초록색 메이크업 베이스를 한번 써 보세요.

수아: 이 메이크업 베이스를 바르면 피부에 뭐가 좋아요?

안나: 초록색을 바르면 붉은 기를 줄여 줘서 피부가 깨끗하게 보일 거예요.

가: ○○ 씨는 피부가 참 좋네요. 저는 ___________ ________________아/어서 걱정이에요.

나: 그럼 기초 화장법을 바꿔 보세요. 보통 어떤 제품을 써요?

가: _______________________________ _______________________________

나: 그러면 ___________ 메이크업 베이스를 한번 써 보세요.

가: 이 메이크업 베이스를 바르면 피부에 뭐가 좋아요?

나: ___________색을 바르면 ___________ _______________________ 보일 거예요.

해보기 2 나의 기초 화장법 소개하기

✦ 아래 제품 중 내가 사용하는 화장품에 체크(√)하세요. 만약에 제품이 없다면 직접 적어 보세요.

제품 이름	사용해요?(√)	제품 이름	사용해요?(√)
메이크업 베이스	☐	비비 크림	☐
프라이머	☐	컨실러	☐
파운데이션	☐	파우더	☐
쿠션	☐	톤업 크림	☐

☐ ___________________________ ☐ ___________________________

☐ ___________________________ ☐ ___________________________

☐ ___________________________ ☐ ___________________________

✦ 화장할 때 어떤 순서로 제품을 바르는지 쓰고, 친구와 이야기해 보세요.

예시

프라이머 ➜ 톤업 크림 ➜ 비비 크림 ➜ 컨실러 ➜ 파우더

메이크업으로 나만의 스타일 완성!

학습 목표 ✎ 색조 메이크업에 대해 이해하고 나만의 색조 메이크업을 소개할 수 있다.

질문하기 💬

Q 여러분은 어떤 색 립스틱이나 아이섀도우를 좋아해요?

Q 여러분은 색조 메이크업을 할 때 어떤 부분을 가장 신경 써요?

✦ **다음을 읽어 보세요.**

민지 내일 졸업 사진을 찍는데 저는 메이크업을 잘 못해서 걱정이에요.

수아 유튜브를 보고 나서 따라해 보세요. 저도 어제 보고 따라 해 봤어요.

민지 그래요? 어렵지 않았어요?

수아 네. 아이라이너를 평소보다 진하게 그리고, 핑크 블러셔를 하니까 인상이 또렷해졌어요.

민지 저도 오늘 집에 가서 한번 연습해 봐야겠어요.

수아 네, 연습하면 금방 익숙해질 거예요.

Minji I'm taking my graduation photo tomorrow, but I'm worried because I'm not good at doing makeup.

Sua Try watching a YouTube video and following along. I watched one yesterday and tried it myself.

Minji Really? Wasn't it difficult?

Sua No, not at all. I drew my eyeliner a bit darker than usual and used pink blush, and it made my features stand out more.

Minji I should try practicing at home today.

Sua Yes, you'll get the hang of it quickly once you practice!

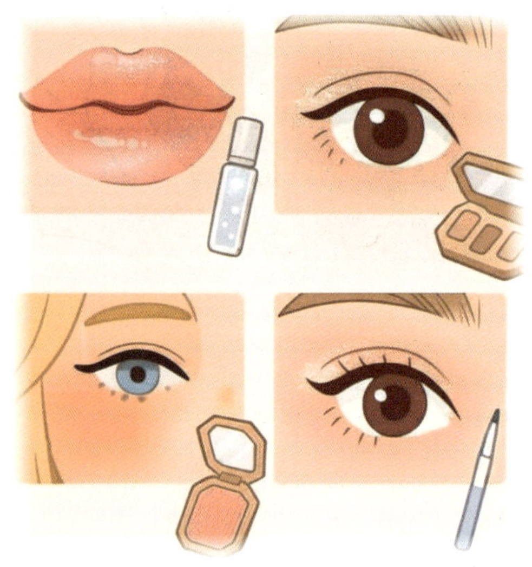

어휘 배우기

✦ 다음 단어를 익혀 보세요.

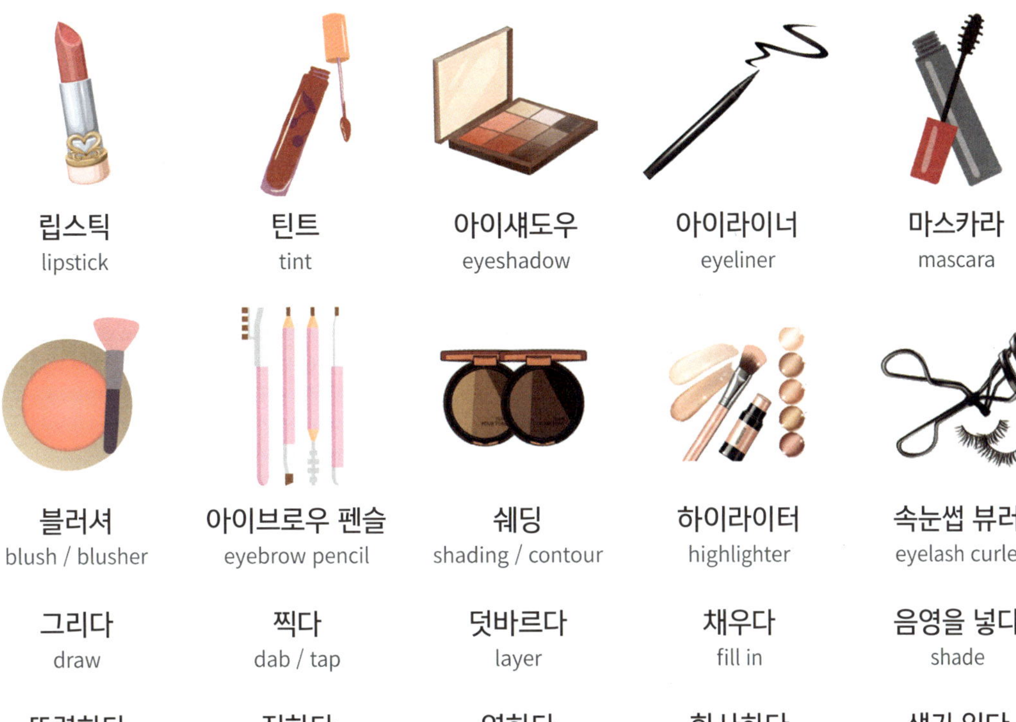

그리다	찍다	덧바르다	채우다	음영을 넣다
draw	dab / tap	layer	fill in	shade
또렷하다	진하다	연하다	화사하다	생기 있다
be clear	be dark	be light	be bright	be lively

✦ 다음 [보기]의 단어를 골라 빈칸에 넣어 보세요.

💡보기   틴트 │ 아이브로우 펜슬 │ 블러셔 │ 아이라이너

1. ___________________(을/를) 진하게 그려서 눈매가 또렷하게 보여요.

2. 볼에 핑크색 ___________________(을/를) 바르면 얼굴이 화사해져요.

3. ___________________(을/를) 선택할 때는 눈썹과 머리색을 맞추는 것이 좋아요.

4. 저는 입술에 자연스러운 느낌을 주고 싶어서 ___________________(을/를) 자주 사용해요.

표현 배우기 1

✦ **다음 표현을 익히고 연습해 보세요.**

| **-아/어/여지다** | 얼굴이 환**해져요.** |

▶ 어떤 상태나 성질이 예전과 다르게 변할 때 사용해요.

▶ 앞의 형용사에 'ㅗ, ㅏ'면 '-아지다', 다른 모음이면 '-어지다', '하다'로 끝나면 '-여지다'를 써요.

예) 밝다 – 밝아지다 　　　예쁘다 – 예뻐지다
　　길다 – 길어지다 　　　또렷하다 – 또렷해지다

- This is used when a condition or quality changes.
- If the adjective stem contains the vowel 'ㅗ, ㅏ', use '-아지다'; if it contains another vowel, use '-어지다'; and if it ends with '하다', use '-여지다'.

✦ **'-아/어/여지다'를 사용해서 문장을 완성해 보세요.**

1) 메이크업을 하면 기분이 ___________.
(좋다)

2) 눈썹 모양을 바꾸면 인상이 ___________.
(다르다)

3) 핑크색 립스틱을 사용하니까 얼굴이

___________________.
(화사하다)

4) 틴트를 여러 번 바르니까 색이 점점

___________________.
(진하다)

표현 배우기 2

✦ 다음 표현을 익히고 연습해 보세요.

-고 나서	유튜브를 보고 나서 따라해요.

▶ 어떤 행동이 끝난 후에 다음 행동이 이어질 때 사용해요.

▶ 동사 뒤에 받침 유무와 상관없이 '-고 나서'를 붙여요.

예) 넣다 – 넣고 나서   바르다 – 바르고 나서

     찍다 – 찍고 나서   그리다 – 그리고 나서

- This is used when one action is completed and another follows it.
- '-고 나서' is added to the verb regardless of whether it ends with a final consonant.

✦ '-고 나서'를 사용해서 문장을 완성해 보세요.

1) 마스카라를 ________________
           (바르다)

뷰러로 속눈썹을 다시 집으세요.

2) 쉐딩을 ________________
       (넣다)

메이크업을 마무리할 거예요.

3) 아이라이너를 ________________
           (그리다)

눈매가 또렷해졌어요.

4) 눈썹을 ________________
       (정리하다)

아이브로우로 그렸어요.

해보기 1 얼굴에 어울리는 눈썹 찾기

✦ 아래 얼굴에 어울리는 눈썹을 그려 보세요.

S-SHAPED

SOFT ANGLED

ROUNDED

STRAIGHT

UPWARD

역삼각형 얼굴

긴 얼굴형

동그란 얼굴형

✦ 여러분은 어떤 눈썹 모양이 어울려요? 그 이유는 무엇인지 이야기해 보세요.

✦ [보기]처럼 친구와 눈썹에 대해 이야기해 보세요.

[보기]

민지: 저는 눈썹 그릴 때마다 고민이에요. 저는 어떤 눈썹이 어울릴까요?

수아: 민지 씨는 긴 얼굴형이지요? 긴 얼굴형은 일자 눈썹이나 살짝 둥근 눈썹이 좋아요. 얼굴이 짧아 보여요.

민지: 수아 씨는 둥근 얼굴이잖아요.

안나: 그래서 저는 각진 눈썹을 그려요. 얼굴이 갸름해 보여요.

민지: 맞아요. 눈썹만 달라져도 인상이 바뀌는 것 같아요.

가: 저는 눈썹 그릴 때마다 고민이에요. 저는 어떤 눈썹이 어울릴까요?

나: ○○ 씨는 __________ 얼굴형이지요? ________ ______ 얼굴형은 ____________ 눈썹이나 ________ 눈썹이 좋아요. ___________.

가: ○○ 씨는 ______________ 얼굴이잖아요.

나: 그래서 저는 ________ 눈썹을 그려요. 얼굴이 ______________________.

가: 맞아요. 눈썹만 달라져도 인상이 바뀌는 것 같아요.

해보기 2 나만의 시그니처 색조 메이크업!

✦ 색조 메이크업 제품 중 나에게 어울리는 색상을 고르고, 분위기와 느낌을 설명해 보세요.

립	아이섀도우	블러셔

로즈, 핫핑크, 코랄 오렌지, 체리 레드, 누드 베이지	골드 베이지, 브라운, 핑크, 퍼플, 블루	살구빛 오렌지, 피치 핑크, 로즈 우드, 라벤더

✦ 얼굴 일러스트에 색을 칠해 나만의 조합을 표현하고 시그니처 메이크업 이름을 만들어 소개해 보세요.

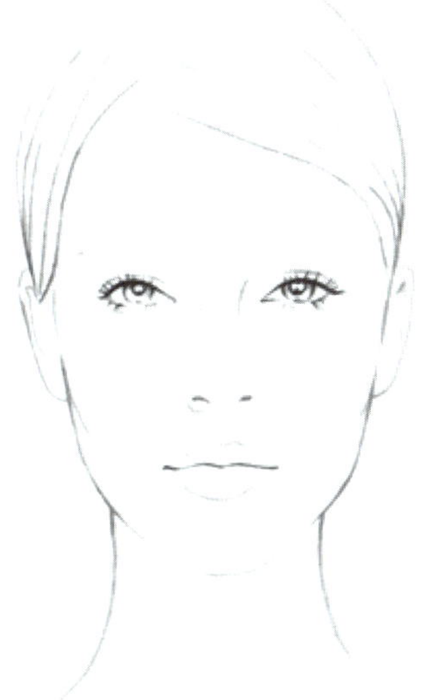

1) 이 색상을 고른 이유는 뭐예요?

2) 이렇게 메이크업을 하면 어떤 느낌이 나요?
   (자연스럽다, 생기 있어 보인다, 차분해 보인다 등)

3) 이 메이크업이 잘 어울릴 것 같은 상황은 언제예요?
   (데이트, 면접, 파티 등)

　　제가 만든 시그니처 메이크업 이름은 '벚꽃 엔딩 봄 메이크업'이에요. 먼저 연한 베이지 아이섀도우를 바르고 나서 갈색 아이라이너를 그렸어요. 그 다음에 코랄 핑크 립스틱을 바르고 피치 블러셔를 했어요. 이렇게 메이크업을 하고 나서 거울을 보면 기분도 좋아집니다. 봄에 벚꽃을 보러 갈 때 한번 해 보세요.

따라하기 색조 메이크업

✦ 오늘은 '색조 메이크업'으로 나만의 스타일을 완성해 볼 거예요. 쉽고 간단하게 화사한 느낌을 줄 수 있는 방법을 알려 드릴게요.

베이스 안내

오늘 영상에서는 색조, 립, 아이섀도우, 블러셔에 집중할게요.

Step 1: 립 메이크업

먼저 립이에요.
오늘 저는 '코랄 핑크색 립'을 선택했어요.
입술 안쪽부터 바르고, 손가락으로 살짝 톡톡 펴 줄 거예요.
이렇게 자연스럽고 생기 있는 입술이 완성됐어요!

Step 2: 아이섀도우

다음은 아이섀도우예요.
아이섀도우는 밝은 복숭아색이에요.
눈두덩에 얇게 펴 바르면 자연스럽고 화사한 느낌이 나요.
그리고 눈 끝에는 연한 핑크색으로 포인트를 줘요.
부드럽고 사랑스러운 인상이 되죠!

Step 3: 블러셔

마지막으로 블러셔예요.
이런 코랄 컬러 블러셔가 얼굴에 생기를 줘요.
볼 중앙에서 살짝 광대 쪽으로 쓸어 줄 거예요.
너무 많이 바르지 않고, 자연스럽게 연결하는 게 포인트예요.

☑ 오늘 색조 메이크업, 잘 따라해 보았나요? 나에게 어울리는 색 조합을 찾아 메이
크업해 보세요.

아이돌처럼 화려한 메이크업!

학습 목표 ✏️ 다양한 아이돌 메이크업의 특징을 이해하고 설명할 수 있다.

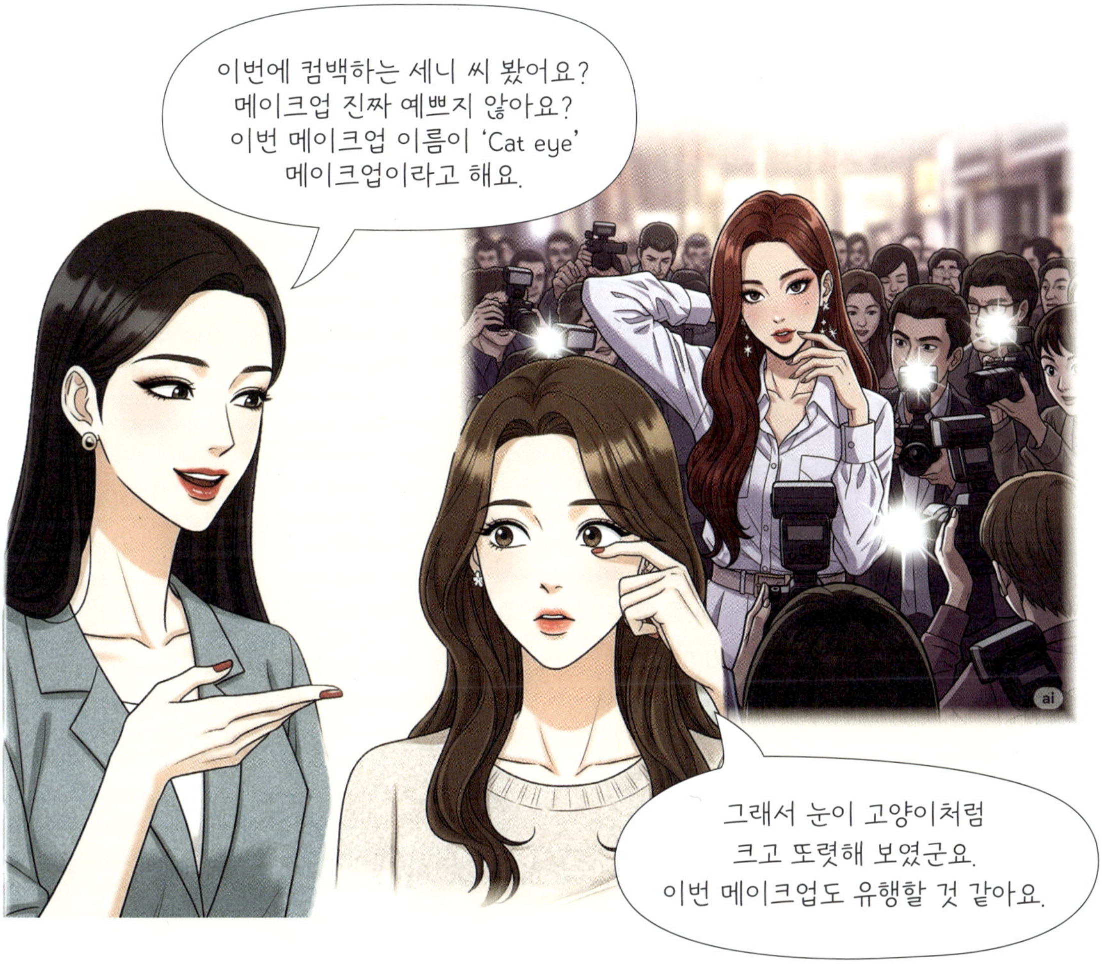

질문하기 💬

Q 여러분이 좋아하는 K-아이돌은 누구예요?

Q 그 아이돌의 메이크업 스타일은 어때요?

✦ **다음을 읽어 보세요.**

서준 와! 안나 씨, 지금 화면에 진짜 아이돌처럼 나와요.

안나 그래요? 오늘 릴스 콘셉트가 '과즙상 메이크업'이라고 해서 신경을 좀 썼어요.

서준 진짜 복숭아처럼 상큼한 느낌이에요.

안나 볼에는 핑크 블러셔, 립에는 코랄색을 발랐거든요. 눈에는 포인트로 글리터를 얹었어요.

서준 그럼 이제 촬영할게요. 블러셔 톡톡 바르면서 "상큼함 한 스푼!" 외치세요. 큐!

안나 "상큼함 한 스푼!" 이게 바로 요즘 유행하는 과즙상 메이크업이에요.

Seojun Wow! Anna, you look just like a real idol on the screen right now.

Anna Really? I paid a bit more attention today since the Reels concept is "juicy fruit makeup."

Seojun You really give off a fresh, peachy vibe.

Anna I used pink blush on my cheeks and coral color on my lips. I added some glitter on my eyes as a highlight.

Seojun Okay, let's start filming. While tapping on your blush, say "A spoonful of freshness!" Cue!

Anna "A spoonful of freshness!" This is the trendy juicy fruit makeup look everyone's into these days.

어휘 배우기

✦ **다음 단어를 익혀 보세요.**

과즙상 메이크업

코랄 블러셔, 촉촉한 립, 글리터를 사용하여 복숭아, 자몽처럼 상큼한 느낌의 화장법

걸크러시 메이크업

짙은 아이라이너, 음영 섀도우를 사용하여 윤곽을 강조한 화장법

청순 메이크업

투명한 베이스, 연한 섀도우, 자연스러운 립을 발라 순하고 깨끗한 느낌의 화장법

섹시 메이크업

음영 강조, 윤곽 또렷, 붉은 립을 발라 도도하고 성숙한 느낌의 화장법

남신 메이크업

하이라이터와 음영으로 조각 같은 얼굴을 만드는 깔끔한 느낌의 화장법

스모키 메이크업

짙은 아이라인, 음영 섀도우로 윤곽을 강조하여 무대용으로 많이 사용하는 화장법

소년미 메이크업

맑고 깨끗한 피부, 연한 음영으로 순수한 느낌의 화장법

내추럴 메이크업

섬세하게 정리하여 생얼같이 보이는 느낌의 화장법

콧대	**윤곽**	**음영**	**글리터**
nose bridge	contour	shading	glitter

✦ **다음 [보기]의 단어를 골라 빈칸에 넣어 보세요.**

💡**보기**　　윤곽 ｜ 음영 ｜ 글리터 ｜ 스모키

1. 아이섀도우로 자연스럽게 ____________(을/를) 넣으면 눈이 깊어 보여요.

2. 진한 아이라이너와 어두운 섀도우를 사용해서 ________________ 메이크업을 완성했어요.

3. 눈 밑에 ____________(을/를) 살짝 얹으면 아이돌처럼 반짝이는 눈매를 만들 수 있어요.

4. 쉐딩과 하이라이터를 사용하면 얼굴의 ____________(을/를) 더 뚜렷하게 연출할 수 있어요.

✦ 다음 표현을 익히고 연습해 보세요.

N처럼	화면에 아이돌처럼 나와요.

▶ 어떤 대상이나 상태와 비슷할 때 사용해요.
▶ 명사 뒤에 받침 유무와 상관없이 '처럼'을 붙여요.
  예) 모델 – 모델처럼   조각상 – 조각상처럼
    생얼 – 생얼처럼   아이돌 – 아이돌처럼

· It is used when something is similar to a certain object or state.
· You add '처럼' after a noun, regardless of whether it ends in a final consonant or not.

✦ 다음 [보기]의 단어를 골라 '처럼'을 사용해서 빈칸에 써 보세요.

💡보기   눈 │ 별 │ 고양이 │ 아이돌

1) 눈 밑에 글리터를 붙이니까＿＿＿＿＿＿＿

  반짝여요.

2) 가수 아이야 씨는 피부가 ＿＿＿＿＿＿＿

  하얗고 깨끗해요.

3) 메이크업을 끝내고 거울을 보니

  ＿＿＿＿＿＿＿＿＿ 보였어요.

4) 아이라이너를 진하게 그리면

  ＿＿＿＿＿＿＿＿＿ 시크해 보일 거예요.

표현 배우기 2

✦ 다음 표현을 익히고 연습해 보세요.

| -(이)라고 하다 | 과즙상 메이크업이라고 해요. |

▷ 어떤 말이나 생각을 말하거나 전달할 때 사용해요.

▷ 앞 명사에 받침이 있으면 '−이라고 하다', 받침이 없으면 '−라고 하다'를 써요.

　예) 하이라이터 − 하이라이터라고 해요.
　　　남신 메이크업 − 남신 메이크업이라고 해요.

· It is used when expressing or conveying someone's words or thoughts.
· If the preceding noun has a final consonant (받침), use '-이라고 하다', If it doesn't have a final consonant, use '-라고 하다.'

✦ 다음 [보기]의 단어를 골라 '-(이)라고 하다'를 사용해서 빈칸에 써 보세요.

💡보기　내추럴 메이크업 | 남신 메이크업 | 걸크러시 메이크업 | 청순 메이크업

1) 메이크업을 안 한 것처럼 보이는 메이크업을

　______________________.

2) 하이라이터와 음영으로 조각 같은 얼굴을

만드는 메이크업을 ______________.

3) 자연스럽고 맑은 이미지를 주는 스타일을

______________________.

4) 눈꼬리와 립 컬러를 진하게 강조한 스타일을

______________________.

✦ 여러분이 좋아하는 K-아이돌 한 명을 정해, 그 아이돌의 메이크업 스타일(눈, 입술, 피부 표현 등)을 소개해 주세요.

Accented Eyelash

Glazed Lip

이름: ______________

메이크업 스타일: ______________________

✦ [보기]처럼 친구와 아이돌 메이크업에 대해 이야기해 보세요.

보기

안나: 민지야, 이 영상을 봤어? 과즙상 메이크업이라고 하는데 나한테 어울릴까?

민지: 넌 웃을 때 자몽처럼 상큼하니까 잘 어울릴 것 같아. 나한테 어울릴 메이크업도 있어?

안나: 응, 넌 키도 크고 여전사처럼 멋있으니까 걸크러시 메이크업이 좋을 것 같아.

민지: 이런 메이크업을 안 해 봤는데 어렵지 않아?

안나: 영상에 나오는 대로 천천히 따라하면 돼.

민지: 그럼, 우리 같이 해 보고 사진 찍으러 가자.

가: ○○○, 이 영상을 봤어? ______________(이)라고 하는데 나한테 어울릴까?

나: 넌 웃을 때 ________처럼 ______(으)니까 잘 어울릴 것 같아. 나한테 어울릴 메이크업도 있어?

가: 응, 넌 ____________처럼 __________(으)니까 __________(이/가) 좋을 것 같아.

나: 이런 메이크업을 안 해 봤는데 어렵지 않아?

가: 영상에 나오는 대로 천천히 따라하면 돼.

나: 그럼, 우리 같이 해 보고 사진 찍으러 가자.

✦ 여러분은 오늘 K-뷰티 기획자가 되어, 특별한 무대에 설 나만의 아이돌을 위한 메이크업을 직접 만들어 볼 거예요.

☑ 1단계: 아이돌 이름 정하기

· 당신이 만든 아이돌의 이름은 무엇인가요? 귀엽고 기억에 잘 남는 이름으로 지어 보세요.

예) 루나, 블링, 레인보우, 문라이트, 제트 등

☑ 2단계: 메이크업 콘셉트 정하기

· 무대 위에서 어떤 분위기를 보여주고 싶나요?

예) 과즙상(상큼하고 귀여운 스타일), 남신(신비롭고 시크한 스타일), 큐트(사랑스럽고 발랄한 스타일), 러블리(부드럽고 따뜻한 느낌)

☑ 3단계: 메이크업 포인트 소개하기

· 그림과 글로 메이크업 포인트를 소개해 보세요. 아이섀도우, 립, 블러셔, 베이스 등 어떤 부분을 강조했나요?

✦ 메이크업 콘셉트를 그림과 글로 표현하고 친구에게 소개해 보세요.

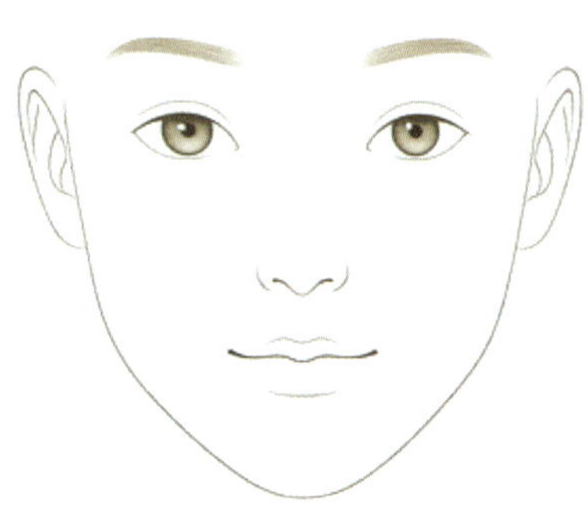

· 아이돌 이름: 루나
· 메이크업 콘셉트: 러블리 & 큐트
　제가 소개할 아이돌은 루나예요.
　루나는 "러블리 앤 큐트" 콘셉트로 메이크업을 했어요.
　연한 민트색 아이섀도우로 상큼함을 더하고,
　눈 아래에 글리터로 포인트를 줬어요.

따라하기 아이돌 메이크업 따라하기

✦ **오늘은 아이돌처럼 화려한 메이크업에 도전해 볼 거예요. 먼저 남신 메이크업이에요.**

Step 1: 피부 표현

먼저, 화사하고 매끈한 피부를 만들 거예요.
잡티를 가리는 파운데이션을 얇게 바르고 퍼프로 두드려요.
자연스럽지만 결점 없는 피부가 포인트예요.

Step 2: 눈썹 정리

다음은 눈썹이에요. 아이돌은 눈썹이 또렷하고 정확하게 정리되어 있어요.
저는 일자형 눈썹을 그릴게요.
진하지 않게, 선을 정리해 주는 느낌으로 자연스럽게!
깔끔한 눈썹이 얼굴 인상을 훨씬 또렷하게 만들어 줘요.

Step 3: 음영 아이섀도우

이제 눈을 더 깊고 또렷하게 만들어 볼게요.
브라운 계열의 섀도우를 사용해서 눈에 음영을 넣어 줄 거예요.
눈 앞머리부터 눈꼬리까지 자연스럽게 펴 발라 주세요.
눈이 더 크고 깊어 보이죠? 이게 바로 아이돌 메이크업의 포인트예요.

Step 4: 아이라이너 & 속눈썹

무대 위에서 눈매가 더 또렷하게 보이게 하려면, 얇게 아이라인을 그려 주세요.
저는 블랙보다는 딥 브라운을 사용했어요. 눈꼬리만 살짝 빼면, 자연스러우면서도 또렷한 느낌이에요.
속눈썹은 뷰러로 살짝만 컬링해 주세요. 너무 과하지 않게!

Step 5: 생기 있는 립 메이크업

마지막으로, 입술에 생기를 줄 거예요. 저는 연한 핑크빛 립밤을 사용할게요.
너무 진하지 않고, 입술에 색이 살짝 돌면서 건강한 느낌이에요.
남자 아이돌들도 요즘 이렇게 자연스러운 립을 자주 해요!

✦ **이제 걸크러시 메이크업을 해 볼게요.**

Step 1: 피부 표현

먼저, 피부를 깨끗하게 만들어요.
커버력이 좋은 파운데이션을 얼굴에 발라요.
브러시로 고르게 펴 발라요.

Step 2: 아이라이너 그리기

눈꼬리를 길게 그릴 거예요.
블랙 아이라이너로 눈이 또렷해지게 그려요.
조금 길게 빼면, 강한 느낌이 나요.

Step 3: 섀도우 레이어링

브라운 색을 먼저 바르고,
눈 뒤쪽에 버건디 색을 살짝 더해요.
눈에 깊이와 카리스마가 생겨요.

Step 4: 마스카라

뷰러로 속눈썹을 집어 위로 올려 줄게요.
마스카라를 바르면 속눈썹이 길어 보이고
눈도 더 커 보여요.

Step 5: 블러셔&컨투어

광대 밑에 컨투어를 살짝 넣고,
볼에 옅은 핑크 블러셔를 살짝 발라요.
이렇게 하면 얼굴에 입체감이 생겨요.

Step 5: 립 메이크업

립은 강하게!
다크 레드 틴트를 입술 안쪽부터 발라요.
입술이 또렷하고 매력 있어 보여요.

얼굴이 어려 보여요.

학습 목표 🖊 보톡스와 필러 시술의 종류와 효과에 대해 간단히 설명할 수 있다.

질문하기 💬

Q 여러분은 얼굴이 어려 보여요? 아니면 나이 들어 보여요?

Q 필러나 보톡스를 맞고 싶은 곳이 있어요?

✦ 다음을 읽어 보세요.

의사	안녕하세요. 어떤 시술을 받고 싶으세요?
수아	이마 주름 때문에 나이가 들어 보여서 보톡스를 맞고 싶어요. 그런데 보톡스를 맞으면 티가 많이 날까요?
의사	이마 주름은 보톡스로 좋아질 수 있어요. 요즘은 티도 거의 안 나고, 자연스러워요.
수아	입가에 팔자주름도 있어서 인상이 강해 보여요.
의사	그 부위는 필러를 넣으면 표정이 부드러워 보일거예요.
수아	시술 후 바로 일상생활이 가능해요?
의사	네, 가능하지만 멍이나 붓기가 생길 수 있어요.

Doctor	Hello. What kind of procedure would you like to get?
Sua	I have forehead wrinkles that make me look older, so I'd like to get Botox. But will it be really noticeable after the injection?
Doctor	Botox works well for forehead wrinkles. These days, it looks very natural and barely noticeable.
Sua	I also have nasolabial folds around my mouth, so my expression looks a bit harsh.
Doctor	If you get filler in that area, your expression will look softer.
Sua	Will I be able to go about my daily life right after the procedure?
Doctor	Yes, you can. But there may be some bruising or swelling.

어휘 배우기

✦ 다음 단어를 익혀 보세요.

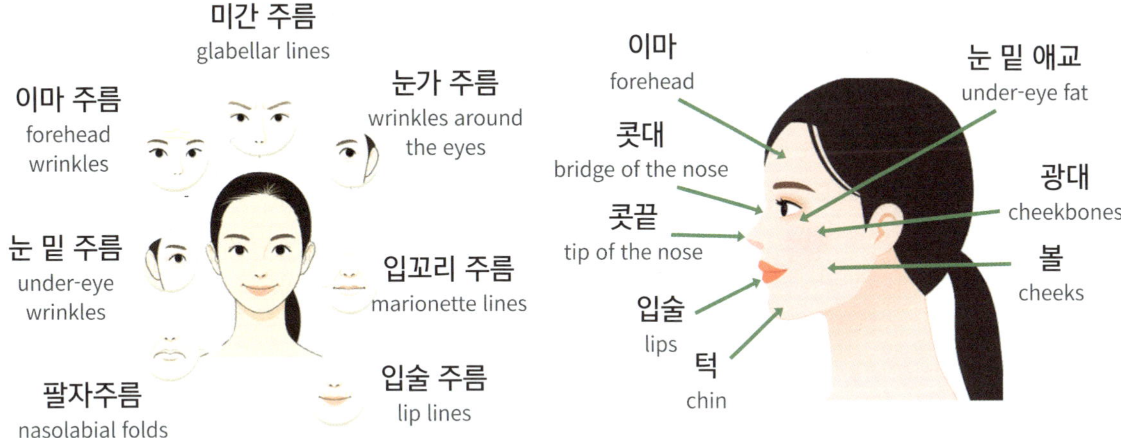

시술하다 get a procedure	주사 맞다 get an injection	(필러) 넣다 get an injection	(보톡스) 맞다 get Botox	(볼륨) 채우다 fill in volume	(윤곽) 정리 contour the face
흡수되다 be absorbed	따끔하다 sting	붓다 swell	누르다 press	멍이 들다 get a bruise	회복되다 heal
처지다 be saggy	자연스럽다 be natural	부드럽다 be soft	탱탱하다 be firm	매끈하다 be smooth	또렷하다 be clear

✦ 다음 [보기]의 단어를 골라 빈칸에 넣어 보세요.

💡보기   넣다 | 맞다 | 처지다 | 탱탱하다

1. 나이가 들면 피부가 아래로 _______________.

2. 피부가 _________________(으)면 어려 보여요.

3. 이마에 보톡스를 ___________(아/어서) 주름이 펴졌어요.

4. 입술에 필러를 _____________ (아/어서) 볼륨이 생겼어요.

표현 배우기 1

✦ **다음 표현을 익히고 연습해 보세요.**

N 때문에	주름 **때문에** 나이 들어 보여요.

- ▶ 어떤 일이 왜 일어났는지, 무엇이 원인이었는지 말하고 싶을 때 사용해요.
- ▶ 명사 뒤에 받침 유무와 상관없이 '때문에'를 붙여요.

  예) 주름 – 주름 때문에　　　주사 – 주사 때문에
　　나이 – 나이 때문에　　　붓기 – 붓기 때문에

- We use this when we want to say why something happened or what the cause was.
- You add '때문에' after a noun, regardless of whether it ends in a final consonant or not.

✦ **'때문에'를 사용해서 문장을 완성해 보세요.**

1) 가: 어, 얼굴이 예전보다 훨씬 좋아 보여요.

　나: 네, 제가 ＿＿＿＿＿＿＿＿＿ 인상이
　　　　　　　(미간 주름)
　강해 보여서 시술을 받았어요.

2) 가: 요즘 외모에 대해 고민되는 부분이 있어요?

　나: 네, ＿＿＿＿＿＿＿＿＿ 나이가 들어
　　　　　　(팔자주름)
　보여서 걱정이에요.

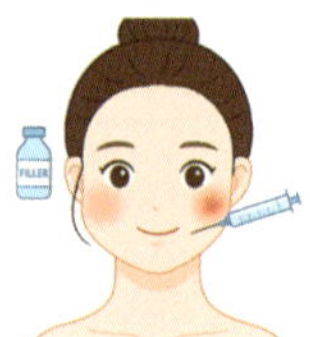

3) 가: 볼이 왜 그래요?

　나: ＿＿＿＿＿＿＿＿＿ 멍이 조금
　　　(보톡스)
　들었어요.

4) 가: 눈이 조금 부은 것 같아요.

　나: 네, ＿＿＿＿＿＿＿＿＿ 부었는데, 곧
　　　　　　(필러)
　괜찮아진다고 해요.

표현 배우기 2

✦ 다음 표현을 익히고 연습해 보세요.

ㅂ 불규칙	티도 안 나고 **자연스러워요.**

▶ 'ㅂ' 받침이 있는 일부 형용사나 동사가 '–아/어' 나 '–아요/어요' 등을 만날 때, 'ㅂ'이 '우' 또는 '오'로 바뀌어요.

예) 쉽다 – 쉬워요　　　　　　어렵다 – 어려워요
　　귀엽다 – 귀여워요　　　　부드럽다 – 부드러워요

· When an adjective or verb that ends in the final consonant 'ㅂ' meets a vowel-starting ending such as '-아/어' or '-아요/어요', the 'ㅂ' changes to '우' or '오'.

✦ 'ㅂ 불규칙'을 사용해서 문장을 완성해 보세요.

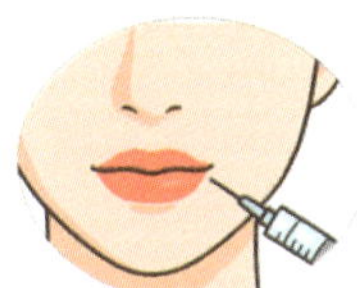

1) 입꼬리 보톡스를 맞고 나서

___________________(아/어)졌어요.
(귀엽다)

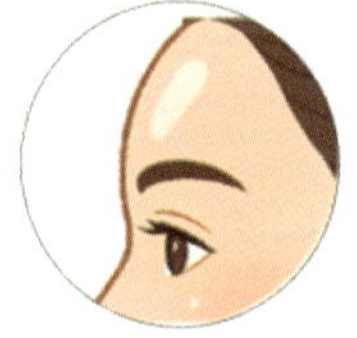

2) 필러를 조금만 넣어서

___________________.
(자연스럽다)

3) 미간 주름을 펴니까 인상이

___________________(아/어)졌어요.
(부드럽다)

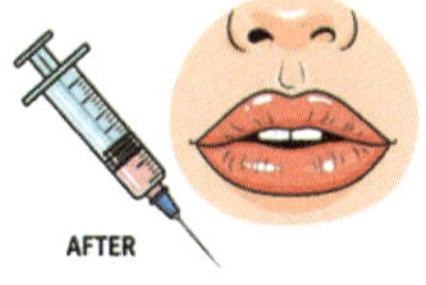

4) 필러로 입술을 도톰하게 만드는 건

___________________.
(쉽다)

해보기 1 시술 후 예상되는 변화 그려 보기

✦ 이 그림을 보고, 필러/보톡스 시술 후 예상되는 변화를 직접 그리거나 사진 편집 앱을 활용해서 그려 보세요.

☑ 1단계: 시술 전 얼굴 관찰

☑ 2단계: 시술 부위 선택 및 예상

☑ 3단계: 시각화 활동　　▶ 선택 1: 직접 그리기　　▶ 선택 2: 사진 앱 활용

✦ [보기]처럼 친구와 필러에 대해서 이야기해 보세요.

민지: 안나 씨는 얼굴이 참 탱탱해요.	**가:** ○○ 씨는 ＿＿＿＿＿＿＿＿＿＿＿＿＿.
안나: 그런데 저는 볼이 꺼져 있어서 고민이에요	**나:** 저는 ＿＿＿＿＿＿＿＿＿＿(아/어서) 고민이에요.
민지: 그럼 필러 시술을 한번 받아 보세요.	**가:** 그럼 ＿＿＿＿＿ 시술을 한번 받아 보세요.
안나: 필러를 맞으면 어떤 점이 좋아요?	**나:** ＿＿＿＿＿＿＿＿＿＿ 어떤 점이 좋아요?
민지: 볼에 필러를 넣으면 얼굴이 탱탱해지고 어려 보일 거예요.	**가:** ＿＿＿＿＿＿＿＿＿＿＿＿＿＿＿＿＿＿＿＿＿＿.
안나: 그래요? 그럼 저도 상담 한번 받아 볼게요.	**나:** 그래요? 그럼 저도 상담 한번 받아 볼게요.

✦ 연예인의 얼굴을 잘 관찰하고, 어떤 변화가 있었는지 찾아 보세요.

Before   After

· 어떤 시술을 한 것 같아요? 왜 그렇게 생각해요?

Before   After

· 어떤 시술을 한 것 같아요? 왜 그렇게 생각해요?

✦ 여러분은 시술을 받으면 어디를 받고 싶어요? 어떻게 달라질지 상상하여 그려 보세요.

[Before]

[After]

손톱을 더 예쁘게!

Q 여러분은 네일 아트를 해 본 적이 있어요?

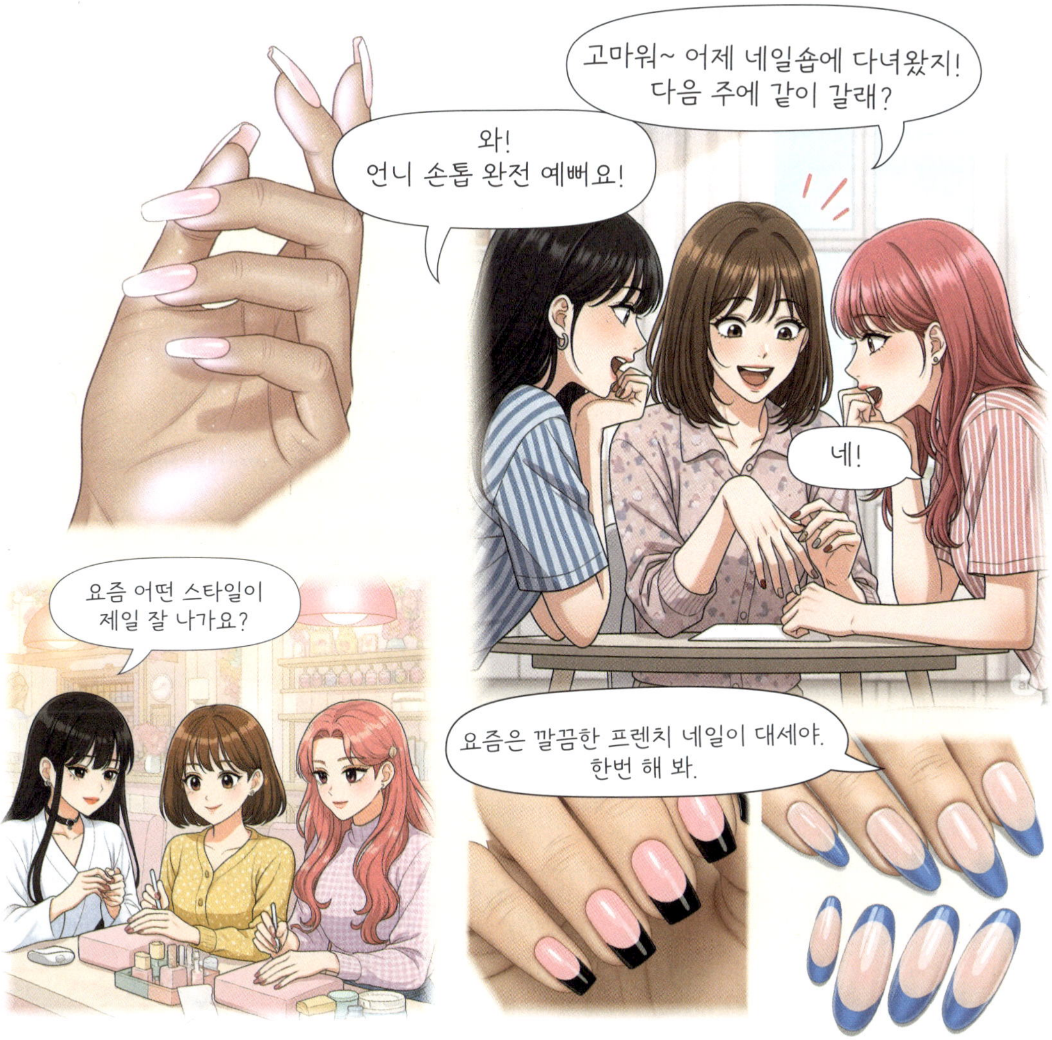

Q 여러분은 어떤 네일 아트를 해 보고 싶어요?

대화 배우기

✦ **다음을 읽어 보세요.**

민지	와, 손톱이 달라졌네요.
수아	네, 어제 네일 숍에 다녀왔어요. 민지 씨는 네일 아트를 해 본 적이 있어요?
민지	아니요, 해 본 적이 없는데 네일 아트를 하면 왠지 기분이 좋아질 것 같아요.
수아	맞아요! 네일 아트를 하고 나면 기분 전환이 돼요. 다음에 네일 숍에 같이 갈래요?
민지	좋아요! 저에게 어떤 스타일이 어울릴지 추천해 주세요.
수아	네, 좋아요.

Minji	Wow, your nails look different!
Sua	Yeah, I went to a nail salon yesterday. Have you ever gotten nail art before, Minji?
Minji	No, I haven't, but I feel like getting nail art would really lift my mood.
Sua	Totally! It's a great way to refresh yourself. Do you want to go to the nail salon with me next time?
Minji	I'd love to! Please recommend a style that would suit me.
Sua	Sure, I'd be happy to!

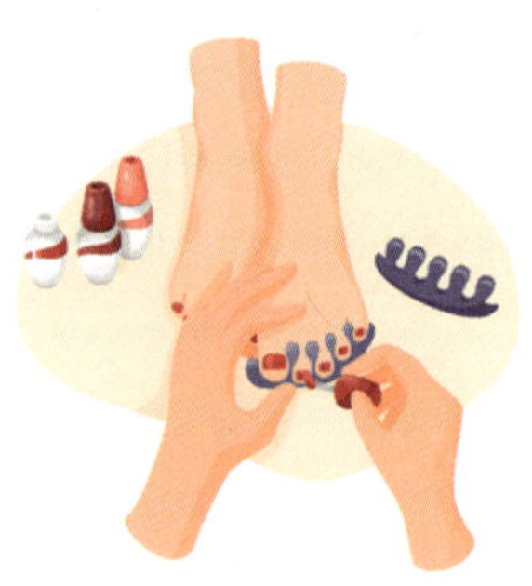

어휘 배우기

✦ 다음 단어를 익혀 보세요.

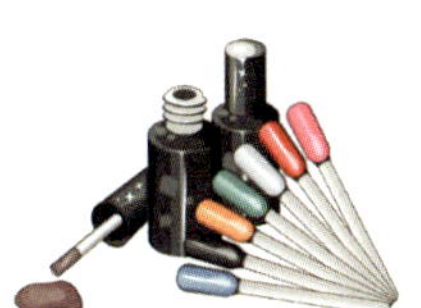

네일 아트
Nail art

매니큐어
Manicure

페디큐어
Pedicure

파츠
Nail parts

네일 스티커
Nail sticker

젤 네일
Gel nail

프렌치 네일
French nail

딥프렌치 네일
Deep French nail

그라데이션 네일
Gradient nail

글리터 네일
Glitter nail

손톱을 다듬다 File nails	**큐티클을 정리하다** Clean up the cuticle	**매니큐어를 바르다** Apply nail polish	**매니큐어를 지우다** Remove nail polish
램프에서 굳히다 Cure under the lamp	**파츠를 붙이다** Attach nail parts	**젤을 제거하다** Remove gel nails	**네일이 벗겨지다** Nail polish comes off

✦ 다음 그림을 보고 알맞은 것을 연결해 보세요.

•	• 파츠 •	• 발톱을 관리하는 것
•	• 리무버 •	• 손톱 위에 붙이는 장식
•	• 페디큐어 •	• 매니큐어를 지우는 액체
•	• 매니큐어 •	• 손톱에 바르는 색조 화장품

✨ 다음 표현을 익히고 연습해 보세요.

-(으)ㄹ 것 같다	이 색을 바르면 **좋을 것 같아요.**

▶ '-(으)ㄹ 것 같다'는 추측이나 예상을 나타낼 때 사용해요.
▶ 받침이 있으면 '-을 것 같다', 없으면 '-ㄹ 것 같다'를 써요.
  예) 예쁘다 – 예쁠 것 같아요   어울리다 – 어울릴 것 같아요
      좋다 – 좋을 것 같아요   화려하다 – 화려할 것 같아요

- '-(으)ㄹ 것 같다' is used to express a guess or prediction.
- If the verb stem has a final consonant (받침), use '-을 것 같다'. If there is no final consonant, use '-ㄹ 것 같다'.

✨ '-(으)ㄹ 것 같다'를 사용해서 문장을 완성해 보세요.

1) 가: 여름에 어떤 매니큐어 색이 좋을까요?

  나: _______________________________.
     (파란색)

2) 가: 어떤 네일 스타일이 나에게 어울릴까요?

  나: _______________________________.
     (글리터 네일)

3) 가: 여기에 어떤 파츠를 붙이면 좋을까요?

  나: _______________________________.
     (큐빅)

4) 가: 네일을 더 꾸미고 싶은데 어떻게 할까요?

  나: _______________________________.
     (네일 스티커)

표현 배우기 2

✦ 다음 표현을 익히고 연습해 보세요.

-(으)ㄴ 적이 있다/없다	네일 아트를 해 본 적이 있어요?

▷ '-(으)ㄴ 적이 있다'는 어떤 일을 한 경험이 있을 때 사용하는 표현이에요.

▷ 받침이 있으면 '-은 적이 있다', 없으면 '-ㄴ 적이 있다'를 써요. 반대말은 '-(으)ㄴ 적이 없다'예요.

    예) 받다 – 받은 적이 있어요   가다 – 간 적이 없어요

        붙이다 – 붙인 적이 있어요   바르다 – 바른 적이 없어요

· '-(으)ㄴ 적이 있다' is used to express that you have experienced something before.

· If the verb stem ends in a final consonant (받침), use '-은 적이 있다'; if it ends in a vowel, use '-ㄴ 적이 있다'. The opposite expression is '-(으)ㄴ 적이 없다'.

✦ '-(으)ㄴ 적이 있다/없다'를 사용하여 문장을 완성해 보세요.

1) 가: 네일 숍에 가 봤어요?

   나: 저는 _______________________.

2) 가: 페디큐어를 받아 봤어요?

   나: 저는 _______________________.

3) 가: 그라데이션 네일을 해 봤어요?

   나: 저는 _______________________.

4) 가: 네일 숍에서 램프를 사용해 봤어요?

   나: 저는 _______________________.

해보기 1 유행하는 네일 아트 알아보기

✦ **다음은 한국에서 유행하는 네일 아트예요. 어떤 스타일이 마음에 들어요?**

내추럴 & 미니멀리즘 네일
→ 피부색과 비슷한 누드색이나 투명한 바탕 위에, 너무 튀지 않게 살짝 포인트만 주는 디자인이에요.

투명한 젤 네일
→ 반투명해서 자연스럽고 깨끗한 느낌을 주는 디자인이에요.

핸드 페인팅 아트 네일
→ 마치 손톱 위에 그림을 그려 놓은 것처럼, 섬세하고 독특한 무늬가 특징이에요.

크롬 & 메탈릭 포인트 네일
→ 금색, 은색 같은 메탈 느낌의 장식을 넣은 디자인이에요.

✦ **[보기]처럼 친구와 특별한 날에 어울리는 네일에 대해 이야기해 보세요.**

보기

민지: 이번 주에 생일 파티가 있지요? 네일 아트를 해 보는 것이 어때요?

안나: 저는 네일 아트를 해 본 적이 없어요.

민지: 그래요? 이번 기회에 한번 해 봐요.

안나: 저한테 어떤 것이 어울릴까요?

민지: 글리터 네일을 추천해요. 반짝거려서 파티에 잘 어울릴 것 같아요.

안나: 고마워요. 반짝이는 네일을 하면 기분이 정말 좋을 것 같아요.

가: 이번주에 ________________(이/가) 있지요? 네일 아트를 해 보는 것이 어때요?

나: 저는 네일 아트를 해 본 적이 없어요.

가: 그래요? 이번 기회에 한번 해 봐요.

나: 저한테 어떤 것이 어울릴까요?

가: ________________(을/를) 추천해요.

________________.

나: 고마워요. ________________을 하면 기분이 정말 좋을 것 같아요.

✦ 다음 네일 스타일 중 여러분의 마음에 드는 것을 골라 보세요.

✦ 여러분이 하고 싶은 네일 스타일을 그린 후 친구에게 설명해 보세요.

저는 봄에 어울리는 연한 노란색 딥프렌치 네일을 하고 싶어요. 그리고 손톱에 꽃 모양 스티커와 글리터 파츠를 붙이면 더 예쁠 것 같아요.

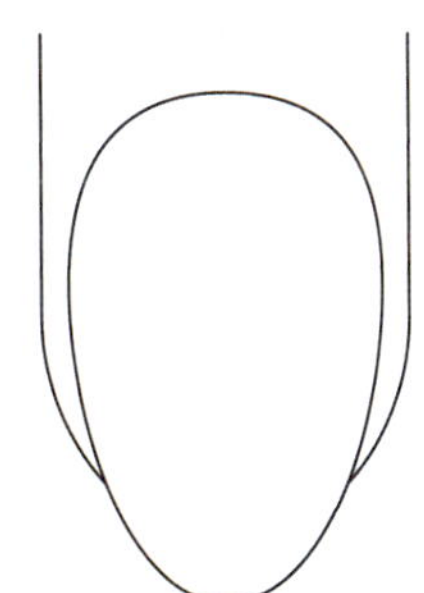

따라하기 프렌치 젤 네일하기

✦ **오늘은 깔끔하고 세련된 프렌치 젤 네일을 단계별로 함께 해 볼 거예요.**

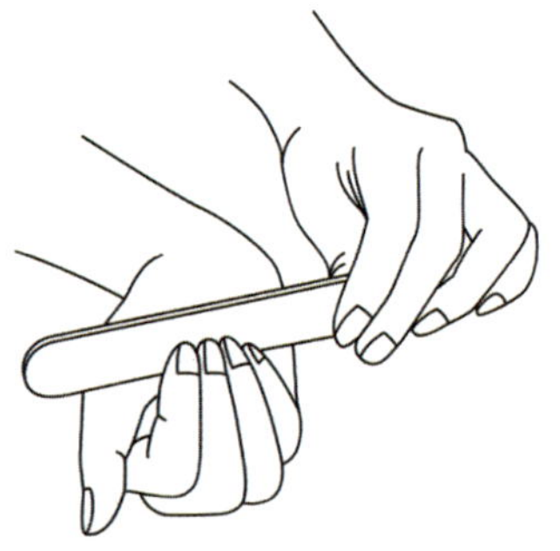

Step 1: 손톱 정리 및 준비

먼저 손을 깨끗이 씻고, 손톱의 길이와 모양을 파일로 다듬어 주세요.
프렌치 네일에는 스퀘어나 스퀘어 오벌 모양이 잘 어울려요.
큐티클은 부드럽게 밀어내고, 조심스럽게 제거해 주세요.
그리고 버퍼로 손톱 표면을 살짝 정리한 뒤, 클렌저로 먼지와 유분을
닦아내 주세요.

Step 2: 베이스 젤 바르기 & 경화

베이스 젤을 손톱 전체에 얇게 바르고, 끝부분은 캡핑해 주세요.
그다음, LED 램프에 30초 동안 손을 넣어 굳혀 주세요.

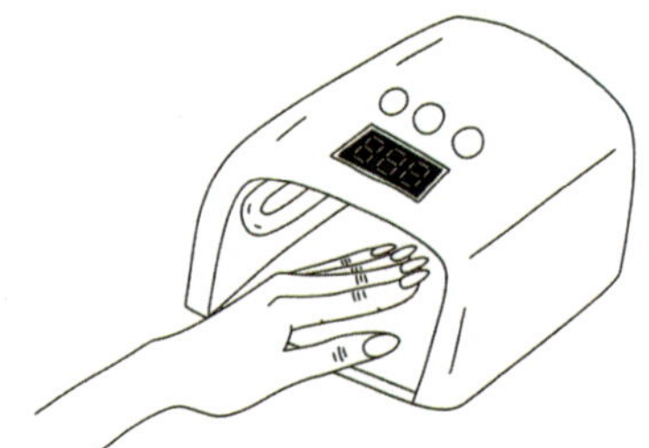

Step 3: 프렌치 팁 & 2차 경화

화이트 젤을 사용해 손톱 끝에 부드러운 프렌치 라인을 그려 주세요.
흰색 젤 폴리시로 손톱 끝에 부드럽게 곡선을 그려 주세요.
세밀한 브러시를 사용하면 더 정교해져요.
라인을 다 그린 뒤, 다시 30초간 경화해 주세요.

Step 4: 탑 젤 마무리 & 클렌징

탑 젤을 손톱 전체에 바르고, 60초간 램프에 넣어 굳혀 주세요.
경화 후 남은 끈적임은 클렌저와 린트 프리 와이프로
깨끗하게 닦아 주세요. 프렌치 젤 네일 완성이에요.

☑ **젤 네일 아트 어렵진 않았어요? 여러분도 다른 네일 스타일로 직접 발라보세요.**

어떤 헤어스타일이 어울릴까요?

학습 목표 ✏ 다양한 헤어스타일의 이름과 특징을 이해하고 말할 수 있다.

Q 여러분은 머리 스타일을 바꾸고 싶어요?

Q 단발머리는 어떤 사람에게 어울릴까요?

대화 배우기

✦ **다음을 읽어 보세요.**

수아	안녕하세요. 저에게 어울리는 헤어스타일을 찾고 있어요.		Sua	I'm looking for a hairstyle that suits me.
미용사	네, 어떤 스타일을 원하세요? 커트 머리나 단발, 웨이브도 할 수 있어요.		Hairdresser	Okay, what kind of style would you like? We can do a cut, a bob, or waves.
수아	긴 머리가 좋아요.		Sua	I prefer long hair.
미용사	그럼 머리 끝 부분에 자연스럽게 웨이브를 넣으면 어때요? 손질이 쉽고 여성스러워 보여요.		Hairdresser	How about we add natural waves to the ends of your hair then? It's easy to manage and looks feminine.
수아	저는 곱슬머리라서 부스스한데 괜찮을까요?		Sua	My hair is naturally curly, so it gets frizzy. Will that be okay?
미용사	네, 볼륨 매직을 하면 머리가 건강해 보이고, 얼굴도 더 작아 보여요.		Hairdresser	Yes, if we do a volume magic perm, your hair will look healthier, and your face will appear smaller too.

어휘 배우기

✦ 다음 단어를 익혀 보세요.

커트 머리
Short cut

단발머리
Bob hair

파마머리
Permed hair

곱슬머리
Curly hair

앞머리
Bangs

웨이브
Wavy hair

스트레이트
Straight hair

볼륨 매직
straightening treatment

염색
Hair coloring

층을 내다
to layer the hair

드라이하다 Blow-dry	**손질하다** Style	**감다** Wash hair	**말리다** Dry hair	**빗다** Comb	**묶다** Tie hairp
부스스하다 Frizzy	**차분하다** Smooth	**푸석하다** Dry and rough	**힘이 없다** No volume	**머리숱이 많다** Have thick hair	**머리숱이 적다** Have thin hair

✦ 다음 [보기]의 단어를 골라 빈칸에 넣어 보세요.

♨보기　　단발머리　|　염색　|　웨이브　|　스트레이트

1. 오늘 미용실에서 ＿＿＿＿＿＿＿ 파마를 했어요. 머리가 풍성해졌어요.

2. 여름에는 ＿＿＿＿＿＿＿(이/가) 시원해 보여서 머리를 잘랐어요.

3. 저는 곱슬머리예요. 머리가 부스스해서 ＿＿＿＿＿＿＿(을/를) 했어요.

4. 집에서 ＿＿＿＿＿＿＿(을/를) 했어요. 머리 색이 밝아져서 기분이 좋아요.

표현 배우기 1

✦ **다음 표현을 익히고 연습해 보세요.**

-(으)면	머리를 자르면 저한테 어울릴까요?

▶ '-(으)면'은 조건이나 상황을 말할 때 사용해요.

▶ 받침이 있으면 '-으면', 없으면 '-면'을 써요.

　예) 많다 – 많으면　　　하다 – 하면
　　　말리다 – 말리면　　감다 – 감으면

· '-(으)면' is used to talk about conditions or situations.

· If the verb stem has a final consonant (받침), use '-으면', If there is no final consonant, use '-면'.

✦ **'-(으)면'을 사용해서 문장을 완성해 보세요.**

1) 머리를 __________ 어려 보여요.
　　　(자르다)

2) 염색을 __________ 분위기가 달라져요.
　　　(하다)

3) 머리를 __________ 깔끔해져요.
　　　(빗다)

4) 웨이브를 __________ 머리가 풍성해 보여요.
　　　(넣다)

표현 배우기 2

✦ 다음 표현을 익히고 연습해 보세요.

-고 싶다	머리를 염색하고 싶어요.

- ▶ 자신의 희망, 바람을 나타내는 표현이에요.
- ▶ 동사 뒤에 받침의 유무와 상관없이 '-고 싶다'를 붙여요.
  - 예) 묶다 – 묶고 싶어요   자르다 – 자르고 싶어요
  - 감다 – 감고 싶어요   손질하다 – 손질하고 싶어요

- '-고 싶다' is an expression used to show one's own hope or desire.
- '-고 싶다' is added to the verb regardless of whether it ends with a final consonant or not.

✦ '-고 싶다'를 사용해서 문장을 완성해 보세요.

1) 가: 어떤 헤어스타일로 하고 싶어요?

   나: 저는 ________________________.
   (웨이브 파마)

2) 가: 어떤 색으로 염색하고 싶어요?

   나: 저는 ________________________.
   (보라색)

3) 가: 어떤 연예인 머리를 따라 하고 싶어요?

   나: 저는 ________________________.
   (여자 아이돌)

4) 가: 앞머리는 어떻게 하고 싶어요?

   나: 저는 앞머리를 ________________.
   (짧게 자르다)

✦ **요즘 한국에서 어떤 스타일이 유행해요? 그 스타일은 어떤 느낌이에요?**

레이어드 컷

→ 머리에 층을 내서 자연스럽고 볼륨감 있게 보여요.

웨이브 펌

→ 자연스러운 웨이브가 들어간 펌으로, 화려하면서도 스타일리시해요.

뱅 스타일

→ 앞머리를 내리는 스타일로, 특히 '시스루 뱅(앞머리가 살짝 비치는 스타일)'이 인기예요.

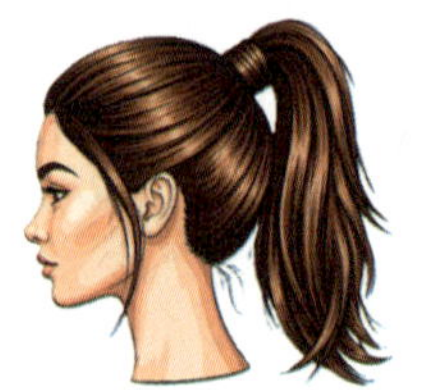 

포니테일과 하프업 스타일

→ 깔끔하면서도 캐주얼한 분위기를 연출하는 스타일로, 다양한 연령대에서 인기예요.

✦ **[보기]처럼 친구와 헤어스타일에 대해 이야기해 보세요.**

보기

안나: 한국에서 요즘 어떤 헤어스타일이 유행해요?

민지: 요즘은 레이어드 컷이 인기가 많아요. 머리에 층을 내서 자연스럽고 볼륨감 있어 보여요.

안나: 그래요? 또 다른 인기 있는 스타일이 있어요?

민지: 네, 웨이브 펌도 인기예요. 자연스러운 웨이브가 화려하고 스타일리시해요.

안나: 저는 레이어드 컷을 해 보고 싶어요.

민지: 잘 어울릴 것 같아요. 미용실에 같이 가요.

가: 한국에서 요즘 어떤 헤어스타일이 유행해요?

나: 요즘은 _______________(이/가) 인기가 많아요. ___________________________________.

가: 그래요? 또 다른 인기 있는 스타일이 있어요?

나: 네, _____________도 인기예요. ___________ _______________________________________.

가: 저는 _______________(을/를) 해 보고 싶어요.

나: 잘 어울릴 것 같아요. 미용실에 같이 가요.

해보기 2 나의 얼굴형에 맞는 헤어스타일 찾기

✦ 다음 그림의 얼굴형에 어울리는 헤어스타일을 찾아서 그려보세요.

✦ 여러분의 얼굴을 그리고 어울리는 헤어스타일을 그려 보세요.

✦ 오늘은 예쁘고 귀여운 하프업 헤어스타일을 함께 해 볼 거예요. 단정하면서도 사랑스러운 스타일이에요.

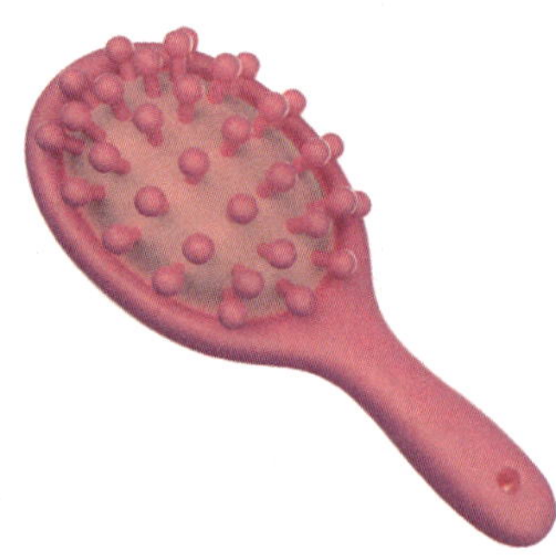

Step 1: 머리 빗기와 준비

먼저 머리를 부드럽게 빗어 주세요.
엉킨 부분이 없도록 정리해 주세요.
필요한 준비물은 빗, 고무줄, 머리핀이에요.

Step 2: 윗머리 나누기

이제 윗부분 머리만 양쪽에서 모아 주세요.
귀 위쪽부터 머리를 살짝 모아서 뒤로 넘겨요.
아랫머리는 그대로 두세요.

Step 3: 윗머리 묶기

모은 윗머리를 작은 고무줄로 살짝 묶어 주세요.
너무 꽉 묶지 말고, 조금 느슨하게 묶는 게 좋아요.

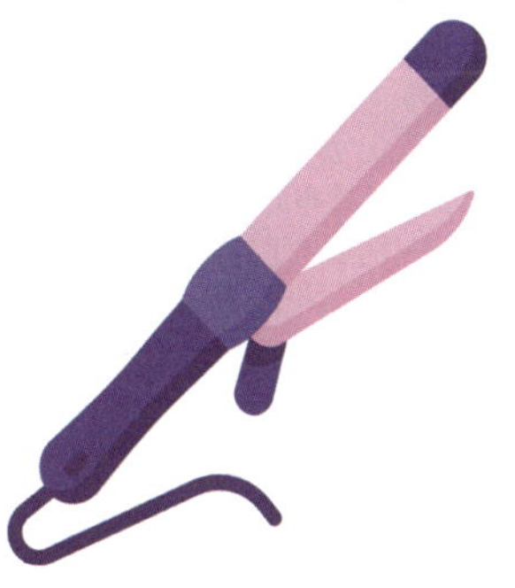

남은 머리는 고데기로 가볍게 컬을 넣어 주세요.
끝부분을 조금씩 말면 더 풍성하고 예뻐 보여요.
필요하면 스프레이로 고정해도 좋아요.

마지막으로 묶은 부분에 리본 핀이나 예쁜 장식을 꽂아 주세요.
스타일에 포인트가 돼요!

☑ **매일 똑같은 헤어스타일이 지겨울 때, 가끔 한번씩 해 보면 어떨까요?**

1과

[어휘 배우기]
❶ 세안해요
❷ 건조해요
❸ 번들거려요
❹ 거칠어요

[표현 배우기 1]
❶ 달라요
❷ 몰라요
❸ 잘라요
❹ 골라요

[표현 배우기 2]
❶ 어렵지요
❷ 비싸지요
❸ 바르지요
❹ 세안하지요

2과

[어휘 배우기]
❶ 흡수력
❷ 유분감
❸ 발림성
❹ 수분감

[표현 배우기 1]
❶ 뿌려 봐요
❷ 정리해 봐요
❸ 펴발라 봐요
❹ 세안해 봐요

[표현 배우기 2]
❶ 촉촉해질 수 있어
❷ 끈적일 수 있어
❸ 뿌릴 수 있어
❹ 거칠어질 수 있어

3과

[어휘 배우기]
❶ 피부 미백
❷ 피부 재생
❸ 피부 진정
❹ 탄력 증진

[표현 배우기 1]
❶ 히알루론산이나 비타민 C
❷ 비타민 C나 병풀 추출물
❸ 피부 미백이나 피부 진정
❹ 레티놀이나 세라마이드

[표현 배우기 2]
❶ 적신 후에
❷ 붙인 후에
❸ 제거한 후에
❹ 헹군 후에

4과

[어휘 배우기]
❶ 어두운
❷ 밝아서
❸ 생기 있는
❹ 창백해

[표현 배우기 2]
① 내추럴 메이크업이라고 해요
② 남신 메이크업이라고 해요
③ 청순 메이크업이라고 해요
④ 걸크러시 메이크업이라고 해요

8과

[어휘 배우기]
① 처져요
② 탱탱하면
③ 맞아서
④ 넣어서

[표현 배우기 1]
① 미간 주름 때문에
② 팔자주름 때문에
③ 보톡스 때문에
④ 필러 때문에

[표현 배우기 2]
① 귀여워
② 자연스러워
③ 부드러워
④ 쉬워

9과

[어휘 배우기]

[표현 배우기 1]
① 파란색 매니큐어를 바르는 것이 좋을 것 같아요
② 글리터 네일이 어울릴 것 같아요
③ 큐빅 파츠를 붙이면 좋을 것 같아요
④ 네일 스티커로 꾸미면 될 것 같아요

[표현 배우기 2]
① 네일 숍에 간 적이 있어요 (간 적이 없어요)
② 페디큐어를 받아 본 적이 없어요 (받아 본 적이 있어요)
③ 그라데이션 네일을 한 적이 있어요 (네일을 한 적이 없어요)
④ 네일 숍에서 램프를 사용해 본 적이 있어요 (사용해 본 적이 없어요)

10과

[어휘 배우기]
① 웨이브
② 단발머리
③ 스트레이트
④ 염색

[표현 배우기 1]
① 자르면
② 하면
③ 빗으면
④ 넣으면

[표현 배우기 2]
① 웨이브 파마를 하고 싶어요
② 보라색으로 염색하고 싶어요
③ 여자 아이돌 머리를 따라하고 싶어요
④ 짧게 자르고 싶어요